LE CHEVALIER
D'HARMENTAL.

Ouvrages du même auteur.

IMPRESSIONS DE VOYAGE	5 vol. in-8.
NOUVELLES IMPRESSIONS DE VOYAGE	3 vol. in-8.
ISABEL DE BAVIÈRE	2 vol. in-8.
MAITRE ADAM LE CALABRAIS	1 vol. in-8.
OTHON L'ARCHER	1 vol. in-8.
LE MAITRE D'ARMES	3 vol. in-8.
PRAXÈDE	1 vol. in-8.
LA COMTESSE DE SALISBURY	2 vol. in-8.
SOUVENIRS D'ANTONY	1 vol. in-8.
PAULINE ET PASCAL BRUNO	2 vol. in-8.
LE CAPITAINE PAUL	2 vol. in-8.
QUINZE JOURS AU SINAI	2 vol. in-8.
ACTÉ	2 vol. in-8.
AVENTURES DE JOHN DAVYS	4 vol. in-8.
LES STUARTS	2 vol. in-8.
UNE ANNÉE A FLORENCE	2 vol. in-8.
LE CAPITAINE PAMPHILE	2 vol. in-8.
EXCURSIONS SUR LES BORDS DU RHIN	3 vol. in-8.
AVENTURES DE LYDERIC	1 vol. in-8.

Sous presse :

LE SPÉRONARE.

LAGNY. — Imp. d'Aug. LAURANT.

LE CHEVALIER

D'HARMENTAL

PAR

ALEXANDRE DUMAS.

4.

PARIS,
DUMONT, ÉDITEUR,
PALAIS-ROYAL, 88, AU SALON LITTÉRAIRE.

1842.

I.

UN PIÉGE.

Le lendemain, vers les sept heures du matin, au moment où on levait le roi, M. le Premier entra chez Sa Majesté, et lui annonça que S. A. R. Monseigneur le duc d'Orléans sollicitait l'honneur d'assister à sa toilette. Louis XV, qui n'était encore habitué à rien faire par lui-même, se retourna vers M. de Fréjus, qui était assis dans le coin le moins apparent de la chambre comme pour lui demander ce qu'il avait à faire, et à cette interrogation muette, M. de Fréjus non seulement fit un signe de la tête qui voulait dire qu'il fallait recevoir Son Altesse royale, mais encore, se levant aussitôt, il alla de sa personne lui ouvrir la porte. Le régent s'arrêta un instant sur le seuil pour remercier Fleury, puis s'étant assuré d'un coup-d'œil rapide autour de la chambre que le maréchal de Villeroy n'était pas encore arrivé, il s'avança vers le roi.

Louis XV était à cette époque un bel enfant de neuf à dix ans, aux longs cheveux châtains, aux yeux noirs comme de l'encre, à la bouche pareille à une cerise et au teint rosé qui, comme celui de sa mère, Marie de Savoie, duchesse de Bourgogne, était sujet à de subites pâleurs. Quoique son caractère fût encore fort irrésolu, à cause du tiraillement auquel le soumettaient perpétuellement le double gouvernement du maréchal de Villeroy et de M. de Fréjus, il avait dans toute la physionomie quelque chose d'ardent et de résolu qui dénotait l'arrière-petit-fils de Louis XIV, et il avait l'habitude de mettre son chapeau comme lui. D'abord prévenu contre M. le duc d'Orléans, qu'on avait fait tout au monde pour représenter comme l'homme de France qui lui voulait le plus de mal, il avait senti cette prévention céder peu à peu aux entrevues qu'il avait eues avec le régent, dans lequel, avec cet instinct juvénile qui trompe si rarement les enfants, il avait reconnu un ami.

De son côté, il faut le dire aussi, M. le duc d'Orléans avait pour le roi, outre le respect qui lui était dû, les prévenances les plus attentives et les plus tendres. Le peu d'affaires qui pouvaient être soumises à sa jeune intelligence lui étaient toujours présentées avec tant de lucidité et d'esprit, que, d'un travail politique qui eût été une fatigue avec tout autre, il avait fait une sorte de récréation que l'enfant royal voyait toujours arriver avec plaisir. Il faut dire aussi que presque toujours ce travail était récompensé par les plus beaux jouets qui se pussent voir, et que Dubois, pour faire sa cour au roi, tirait d'Allemagne ou d'Angleterre. Sa Majesté accueillit donc le régent avec son plus doux sourire, et lui donna sa petite main à baiser avec une grâce toute particulière, tandis que monseigneur l'évêque de Fréjus, fidèle à son système d'humilité, s'en était allé se rasseoir dans le même petit coin où l'avait surpris l'arrivée de Son Altesse.

— Je suis bien content de vous voir, Monsieur, dit Louis XV de sa douce petite voix et avec son sourire enfantin auquel l'étiquette qu'on lui imposait n'avait pu ôter toute sa grâce. D'autant plus content que, comme ce n'est pas votre heure habituelle, je présume que vous venez m'annoncer une bonne nouvelle.

— Deux, Sire, répondit le régent. La première, c'est qu'il vient de m'arriver une énorme caisse de Nuremberg, qui m'a tout l'air de contenir...

— Oh ! des joujoux ! beaucoup de joujoux ! n'est-ce pas, monsieur le régent ? s'écria le roi, en sautant joyeusement et en battant des mains sans s'inquiéter de son valet de chambre qui demeurait debout derrière lui, tenant à la main la petite épée à poignée d'acier, qu'il allait lui agrafer à la ceinture. Oh ! de beaux joujoux ! de beaux joujoux ! oh ! que vous êtes gentil ! oh ! que je vous aime, monsieur le régent !

— Sire, je ne fais que mon devoir, répondit le duc d'Orléans en s'inclinant avec respect, et vous ne me devez aucune reconnaissance pour cela.

— Et où est-elle, Monsieur, où est-elle cette bienheureuse caisse ?

— Chez moi, sire, et si Votre Majesté le veut, je la ferai transporter ici dans le courant de la journée, ou demain matin.

— Oh ! non, tout de suite, Monsieur, tout de suite, je vous prie !

— Mais c'est qu'elle est chez moi.

— Eh bien ! allons chez vous, s'écria l'enfant en courant vers la porte sans faire attention qu'il lui manquait encore, pour que sa toilette fût achevée, son épée, sa petite veste de satin et son cordon bleu.

— Sire, dit M. de Fréjus en s'avançant, je ferai observer à Votre Majesté qu'elle s'abandonne trop passionnément au plaisir que lui cause la possession d'objets qu'elle devrait déjà regarder comme des futilités.

— Oui, Monsieur, oui, vous avez raison, dit Louis XV en faisant un effort pour se contenir, oui, mais il faut me pardonner : je n'ai pas encore dix ans et j'ai bien travaillé hier.

— C'est vrai, dit M. de Fréjus en souriant. Aussi, Votre Majesté s'occupera de ses joujoux lorsqu'elle aura demandé à M. le régent quelle est la seconde nouvelle qu'il avait à lui annoncer.

— Ah! oui, Monsieur, à propos, quelle est cette seconde nouvelle?

— Un travail qui doit être profitable à la

France, Sire, et qui est d'une telle importance que je tiens à le soumettre à Votre Majesté.

— L'avez-vous ici? demanda le jeune roi.

— Non, Sire, je ne savais pas trouver Votre Majesté si bien disposée à ce travail, et je l'ai laissé dans mon cabinet.

— Eh bien, dit Louis XV en se tournant moitié vers M. de Fréjus et moitié vers le régent, et en les regardant tous deux tour à tour avec un œil suppliant, ne pourrions-nous concilier tout cela? Au lieu de faire ma promenade du matin, j'irais chez vous voir les beaux joujoux de Nuremberg, et quand je les aurais vus, nous passerions dans votre cabinet où nous travaillerions.

— C'est contre l'étiquette, Sire, répondit le régent; mais si Votre Majesté le veut...

— Oui, je le veux, dit Louis XV; c'est-à-dire, ajouta-t-il en se tournant vers M. de Fréjus et en le regardant d'un œil si doux qu'il n'y avait pas moyen d'y résister, si mon bon précepteur le permet.

— M. de Fréjus y verrait-il quelque inconvénient? dit le régent en se retournant vers Fleury, et en prononçant ces paroles avec un accent qui indiquait que le précepteur le blesserait souverainement en repoussant la requête que lui présentait son royal élève.

— Non, Monseigneur, au contraire, dit Fleury; il est bon que Sa Majesté s'habitue à travailler, et si les lois de l'étiquette peuvent être violées, c'est lorsque de cette violation doit ressortir pour le peuple un heureux résultat. Seulement, je demanderai à Monseigneur la permission d'accompagner Sa Majesté.

— Comment donc, Monsieur! dit le régent; mais avec le plus grand plaisir.

— Oh! quel bonheur! quel bonheur! s'écria Louis XV. Vite, ma veste, mon épée, mon cordon bleu! Me voilà, monsieur le régent, me voilà! Et il s'avança pour prendre la main du régent; mais au lieu de se laisser aller à cette familiarité, le régent s'inclina, et ouvrant lui-même la porte au roi, il lui fit signe de marcher devant, et le suivit à trois ou quatre pas avec M. de Fréjus et le chapeau à la main.

Les appartements du roi, situés au rez-de-chaussée, étaient de plain pied avec ceux de monseigneur le duc d'Orléans, et n'étaient séparés que par une antichambre qui donnait chez le roi, et une petite galerie qui conduisait à une autre antichambre donnant chez le régent. Le passage fut donc court, et comme le roi était pressé d'arriver, on se trouva en un instant dans un grand cabinet éclairé par quatre fenêtres s'ouvrant toutes quatre en portes, et par lesquelles, à l'aide de deux marches, on descendait dans le jardin. Ce grand cabinet donnait dans un autre plus petit où M. le régent avait l'habitude de travailler et de faire entrer les intimes ou les favorisés. Toute la cour de Son Altesse attendait là, et c'était chose naturelle, puisque c'était l'heure du lever. Aussi le jeune roi ne remarqua-t-il ni M. d'Artagan, capitaine des mousquetaires gris, ni M. le marquis de La Fare, capitaine des gardes, ni un nombre assez considérable de chevau-légers qui se promenaient en dehors des fenêtres. Il est vrai que, sur une table, au beau milieu du cabinet, il avait vu la bienheureuse caisse, dont la taille exhorbitante lui avait, malgré l'exhortation à peine refroidie de M. de Fréjus, fait pousser un cri de joie.

Cependant il fallut encore se contenir et recevoir en roi les hommages de M. d'Artagan et de La Fare; mais pendant ce temps, monseigneur le régent avait fait appeler deux valets de chambre, armés de ciseaux, lesquels firent en un instant voler le couvercle de bois blanc qui fermait la caisse, et mirent à découvert la plus splendide collection de joujoux qui aient jamais ébloui l'œil d'un roi de neuf ans.

A cette vue tentatrice, il n'y eut plus ni précepteur, ni étiquette, ni capitaine de gardes, ni capitaine de mousquetaires gris; le roi se précipita vers le paradis qui lui était ouvert, et, comme d'une mine inépuisable, comme d'une corbeille de fée, comme d'un trésor des Mille et une Nuits, il en tira successivement des clochers, des vaisseaux à trois ponts, des escadrons de cavalerie, des bataillons d'infanterie, des colporteurs chargés de leurs balles, des escamoteurs avec leurs gobelets, enfin ces mille merveilles du premier âge qui, dans la soirée de Noël, font tourner la tête à tous les enfants d'outre-Rhin; et cela avec des transports de joie si francs et si roturiers, que M. de Fréjus lui-même respecta le moment de bonheur qui illuminait la vie de son royal élève. Les assistants le regardaient avec le silence religieux qui entoure les grandes douleurs et les grandes joies. Mais au plus profond de ce silence, on entendit un bruit violent dans les antichambres.

La porte s'ouvrit; un huissier annonça le duc de Villeroy, et le maréchal parut sur le seuil, la canne à la main, effaré, secouant sa perruque, et demandant à grands cris le roi. Comme on était habitué à ces façons de faire, M. le régent se contenta de lui montrer Sa Majesté qui continuait de vider sa caisse, couvrant les meubles et le parquet des splendides joujoux qu'elle tirait de son inépuisable récipient. Le maréchal n'avait rien à dire ; il était en retard de près d'une heure. Le roi était avec M. de Fréjus, cet autre lui-même, mais il ne s'en approcha pas moins en grommelant et en jetant autour de lui des regards qui semblaient dire que si Sa Majesté courait quelques dangers, il était là pour la défendre. Le régent échangea un regard d'intelligence avec La Fare, et un sourire imperceptible avec Artagan; les choses allaient que c'était merveille.

La caisse vidée, et après avoir laissé un instant le roi jouir de la possession visuelle de tous ses trésors, M. le régent s'approcha de lui, et le chapeau toujours à la main, lui rappela la promesse qu'il lui avait faite de consacrer une heure avec lui au travail des choses de l'état. Louis XV, avec cette ponctualité de parole qui lui fit dire depuis que l'exactitude était la politesse des rois, jeta un dernier coup-d'œil sur ses joujoux, demanda la permission de les faire emporter dans ses appartements, permission qui lui fut aussitôt accordée, et s'avança vers le petit cabinet, dont M. le régent lui ouvrit la porte. Alors, selon leurs caractères différents, ou plutôt, selon l'adroite politique de l'un et la brutale inconvenance de l'autre, M. de Fleury qui, sous prétexte de sa répugnance à se mêler des affaires politiques, n'assistait presque jamais au travail du roi, fit quelques pas en arrière et alla s'asseoir dans un coin, tandis qu'au contraire le maréchal s'élança en avant, et voyant le roi entrer dans le cabinet, voulut le suivre. C'était ce moment qu'avait préparé le régent et qu'il attendait avec impatience.

— Pardon, monsieur le maréchal, dit-il alors en barrant le passage au duc de Villeroy, mais les affaires dont j'ai à entretenir Sa Majesté demandant le secret le plus absolu, je vous prierai de vouloir bien me laisser un instant avec elle en tête-à-tête.

— En tête-à-tête! s'écria Villeroy, en tête-à-tête! Mais vous savez bien, Monseigneur, que c'est impossible.

— Impossible, monsieur le maréchal! répondit le régent avec le plus grand calme; impossible! Et pourquoi, je vous prie?

— Parce qu'en ma qualité de gouverneur de Sa Majesté, j'ai le droit de l'accompagner partout.

— D'abord, Monsieur, reprit le régent, ce droit ne me paraît reposer sur aucune preuve bien positive, et si j'ai bien voulu tolérer jusqu'à cette heure, non pas ce droit, mais cette prétention, c'est que l'âge du roi la rendait sans importance. Mais maintenant que Sa Majesté va atteindre sa dixième année, maintenant qu'elle commence à permettre que je l'initie à la science du gouvernement, science pour laquelle la France m'a conféré le titre de son précepteur, vous trouverez bon, monsieur le maréchal, que, comme M. de Fréjus et vous, j'aie avec Sa Majesté mes heures de tête-à-tête. Cela vous sera d'autant moins pénible à accorder, monsieur le maréchal, ajouta le régent avec un sourire à l'expression duquel il était difficile de se tromper, que vous êtes trop savant sur ces sortes de matières pour qu'il vous reste quelque chose à y apprendre.

— Mais, Monsieur, répliqua le maréchal en s'échauffant selon son habitude, et en oubliant toute convenance à mesure qu'il s'échauffait,

Monsieur, je vous ferai observer que le roi est mon élève.

— Je le sais, Monsieur, dit le régent du même ton railleur qu'il avait commencé de prendre avec lui, et faites de Sa Majesté un grand capitaine, je ne vous en empêche point. Vos campagnes d'Italie et de Flandres font témoignage qu'on ne pouvait lui choisir un meilleur maître; mais dans ce moment, monsieur le maréchal, il ne s'agit aucunement de science militaire, il s'agit tout simplement d'un secret d'état qui ne peut être confié qu'à Sa Majesté. Ainsi vous trouverez bon que je vous renouvelle l'expression du désir que j'ai d'entretenir le roi en particulier.

— Impossible, Monseigneur, impossible! s'écria le maréchal perdant de plus en plus la tête.

— Impossible! reprit le régent, et pourquoi?

— Pourquoi? continua le maréchal, pourquoi?... parce que mon devoir est de ne point perdre le roi de vue un seul instant, et que je ne permettrai pas...

— Prenez garde, Monsieur le maréchal, interrompit le duc d'Orléans avec une indéfinissable expression de hauteur, je crois que vous allez me manquer de respect !

— Monseigneur, reprit le maréchal s'échauffant de plus en plus, je sais le respect que je dois à Votre Altesse royale pour le moins autant que ce que je dois à ma charge et au roi, et c'est pour cela que Sa Majesté ne restera pas un instant hors de ma vue, attendu... Le duc hésita.

— Attendu? reprit M. le régent, attendu?... Achevez, Monsieur.

— Attendu que je réponds de sa personne, dit le maréchal, qui poussé par cette espèce de défi, ne voulait pas avoir l'air de reculer.

A ce dernier manque de toute retenue, il se fit parmi tous les spectateurs de cette scène un moment de silence pendant lequel on n'entendit rien que les grommelements du maréchal et les soupirs étouffés de M. de Fleury. Quant au duc d'Orléans, il releva la tête avec un sourire de souverain mépris, et prenant peu à peu cet air de dignité qui faisait de lui, lorsqu'il le voulait, un des princes les plus imposants du monde :

— Monsieur de Villeroy, dit-il, vous vous méprenez étrangement, ce me semble, et vous croyez parler à quelqu'autre. Mais puisque vous oubliez qui je suis, c'est à moi de vous en faire souvenir. Marquis de La Fare, continua le régent en s'adressant à son capitaine des gardes, faites votre devoir.

Alors seulement le maréchal de Villeroy,

comme si le plancher manquait sous lui, comprit dans quel précipice il glissait et ouvrit la bouche pour balbutier une excuse; mais le régent ne lui laissa pas même le temps d'achever sa phrase, et lui ferma la porte du cabinet au nez.

Aussitôt, et avant qu'il fût revenu de sa surprise, le marquis de La Fare s'approcha du maréchal et lui demanda son épée.

Le maréchal demeura un instant interdit. Depuis si longtemps qu'il se berçait dans son impertinence sans que personne prît la peine de l'en tirer, il avait fini par se croire inviolable ; il voulut parler, mais la voix lui manqua, et sur une seconde demande plus impérative que la première, il détacha son épée et la donna au marquis de La Fare.

En même temps, une porte s'ouvre, et une chaise s'approche; deux mousquetaires gris y poussent le maréchal; la chaise se referme. Artagan et La Fare se placent à chaque portière, et en un clin-d'œil le prisonnier est emporté par une des fenêtres latérales, dans les jardins. Les chevau-légers, qui ont le mot d'ordre, se mettent à sa suite; la marche se presse, on descend le grand escalier, on tourne à gauche, on entre dans l'orangerie : là, dans une première pièce, on laisse toute la suite, et la chaise, ses porteurs et ce qu'elle contient entrent dans une seconde chambre accompagnés seulement de La Fare et d'Artagan.

Toutes ces choses s'étaient passées si rapidement que le maréchal, dont la première qualité n'était point le sang-froid, n'avait pas eu le temps de se remettre. Il s'était vu désarmer, il s'était senti emporter, il se trouvait enfermé avec deux hommes qu'il savait ne pas professer pour lui une grande amitié, et s'exagérant toujours son importance, il se crut perdu.

— Messieurs, s'écria-t-il en pâlissant, et tandis que la sueur et la poudre lui coulaient sur le visage, Messieurs, j'espère qu'on ne veut pas m'assassiner.

— Non, monsieur le maréchal, tranquillisez-vous, lui répondit La Fare, tandis qu'Artagan, en voyant la figure grotesque que faisait au maréchal sa perruque toute effarouchée, ne pouvait s'empêcher de rire. Non, Monsieur, il s'agit d'une chose beaucoup plus simple et infiniment moins tragique.

— Et de quoi s'agit-il donc alors? demanda le maréchal à qui cette assurance rendait un peu de tranquillité.

— Il s'agit, Monsieur, de deux lettres que vous comptiez remettre ce matin au roi et que vous devez avoir dans quelqu'une des poches de votre habit.

Le maréchal qui, préoccupé jusqu'alors de sa propre affaire, avait oublié celle de madame du Maine, tressaillit, et porta vivement la main à la poche où étaient ces lettres.

— Pardon, monsieur le duc, dit Artagan en arrêtant la main du maréchal, mais nous sommes autorisés à vous prévenir que dans le cas où vous chercheriez à nous soustraire les originaux de ces lettres, M. le régent en a les copies.

— Puis, j'ajouterai, dit La Fare, que nous sommes autorisés à vous les prendre de force, et que nous sommes absous d'avance de tout accident que pourrait amener une lutte, en supposant, ce qui n'est pas probable, que vous poussiez la rebellion, monsieur le maréchal, jusqu'à vouloir lutter.

— Et vous m'assurez, Messieurs, dit le maréchal, que monseigneur le régent a les copies de ces lettres ?

— Sur ma parole d'honneur! dit Artagan.

— Foi de gentilhomme! dit La Fare.

— En ce cas, Messieurs, reprit Villeroy, je ne vois pas pourquoi j'essaierais de soustraire ces lettres, qui d'ailleurs ne me regardent aucunement, et que je ne m'étais chargé de remettre que par complaisance.

— Nous savons cela, monsieur le maréchal, dit La Fare.

— Seulement, ajouta le maréchal, j'espère, Messieurs, que vous ferez valoir près de S. A. R. la facilité avec laquelle je me suis soumis à ses ordres, et le regret bien sincère que j'ai de l'avoir offensée.

— N'en doutez pas, monsieur le maréchal, toute chose sera rapportée comme elle s'est passée; mais ces lettres?

— Les voici, Monsieur, dit le maréchal en donnant les deux lettres à La Fare.

La Fare leva un cachet volant aux armes d'Espagne, et s'assura que c'étaient bien les papiers qu'il avait mission de prendre; puis, après s'être assuré également qu'il n'y avait pas d'erreur :

— Mon cher Artagan, dit-il, conduisez maintenant M. le maréchal à sa destination, et recommandez, je vous prie, au nom de monseigneur le régent, et aux personnes qui auront l'honneur de l'accompagner avec vous, d'avoir pour lui tous les égards dus à son mérite.

Aussitôt la chaise se referma, et les porteurs se remirent en marche. Le maréchal allégé de ses deux lettres, et commençant à soupçonner le piége dans lequel il était tombé, repassa dans la première pièce où l'attendaient les chevau-légers. Le cortége se dirigea vers la grille où il arriva au bout d'un instant.

Un carrosse à six chevaux attendait ; on y porta le maréchal. Artagan se plaça près de lui, un officier des mousquetaires et Du Libois, un des gentilshommes du roi, se mirent sur le devant, vingt mousquetaires se placèrent, quatre à chaque portière, douze à la suite ; on fit signe au cocher, et le carrosse partit au galop.

Quant au marquis de La Fare, qui s'était arrêté au haut de l'escalier de l'Orangerie pour assister à ce départ, à peine l'eut-il vu effectuer sans accident, qu'il reprit la route du château, les deux lettres de Philippe V à la main.

II.

LE COMMENCEMENT DE LA FIN.

Le même jour, vers deux heures de l'après-midi, et comme d'Harmental, profitant de l'absence de Buvat que l'on croyait à la Bibliothèque, répétait pour la millième fois, couché aux pieds de Bathilde, qu'il l'aimait, qu'il n'aimait qu'elle, et n'aimerait jamais une autre qu'elle, Nanette entra et annonça au chevalier que quelqu'un l'attendait chez lui pour affaire d'importance. D'Harmental, curieux de savoir quel était l'importun qui le poursuivait ainsi jusque dans le paradis de son amour, alla vers la fenêtre et aperçut l'abbé Brigaud qui se promenait de long en large dans son appartement. Alors, il rassura d'un sourire Bathilde inquiète, prit le chaste baiser que lui tendait le front virginal de la jeune fille, et remonta chez lui.

—Eh bien! lui dit l'abbé en l'apercevant, tandis que vous êtes bien tranquille à faire l'amour avec votre voisine, il se passe de belles choses, mon cher pupille!

—Et que se passe-t-il donc? demanda d'Harmental.

— Alors vous ne savez rien.

— Rien, absolument rien, sinon que si ce

que vous avez à m'apprendre n'est pas de la plus haute importance, je vous étrangle pour m'avoir dérangé. Ainsi, tenez-vous bien, et si vous n'avez pas de nouvelles dignes de la circonstance, faites-en.

— Malheureusement, mon cher pupille, reprit l'abbé Brigaud, la réalité laissera peu de choses à faire à mon imagination.

— En effet, mon cher Brigaud, dit d'Harmental en regardant l'abbé avec plus d'attention, vous avez la mine tout *encharibottée!* Voyons, qu'est-il arrivé? Contez-moi cela.

— Ce qu'il est arrivé? Oh! mon Dieu presque rien, si ce n'est que nous avons été vendus je ne sais par qui; que M. le maréchal de Villeroy a été arrêté ce matin à Versailles, et que les deux lettres de Philippe V qu'il devait remettre au roi sont entre les mains du régent.

— Répétez donc, l'abbé, dit d'Harmental, qui, du troisième ciel où il était monté, avait toutes les peines du monde à redescendre sur la terre. Répétez donc, s'il vous plaît, je n'ai pas bien entendu.

Et l'abbé répéta mot pour mot la triple nouvelle qu'il annonçait en pesant sur chaque syllabe.

D'Harmental écouta la complainte de Brigaud d'un bout à l'autre, et comprit à son tour la gravité de la situation. Mais quelles que fussent les sombres pensées que cette situation fit naître en lui, son visage ne manifesta d'autre sentiment que cette expression de fermeté calme qui lui était habituelle au moment du danger ; puis, lorsque l'abbé eut fini :

— Est-ce tout? demanda le chevalier d'une voix où il était impossible de reconnaître la moindre altération.

— Oui, pour le moment, répondit l'abbé, et il me semble même que c'est bien assez, et que si vous n'êtes pas content comme cela, vous êtes difficile.

— Mon cher abbé, quand nous nous sommes mis à jouer à la conspiration, reprit d'Harmental, c'était avec chances à peu près égales de perdre ou de gagner. Nos chances avaient haussé, nos chances baissent. Hier nous avions quatre-vingt-dix chances sur cent; aujourd'hui nous n'en avons plus que trente : voilà tout.

— Allons, dit Brigaud, je vois avec plaisir que vous ne vous démontez pas facilement.

— Que voulez-vous, mon cher abbé ! reprit d'Harmental, je suis heureux en ce moment, et je vois les choses en homme heureux. Si vous m'aviez pris dans un moment de tristesse, je verrais tout en noir, et je répondrais *Amen* à votre *De profundis*.

— Ainsi donc, votre avis?

— Est que le jeu s'embrouille, mais que la partie n'est point perdue. M. le maréchal de Villeroy n'est point de la conjuration; M. le maréchal de Villeroy ne sait pas le nom des conjurés. Les lettres de Philippe V, autant que je puis m'en souvenir, ne désignent personne, et il n'y a de véritablement compromis dans tout cela que le prince de Cellamare. Or, l'inviolabilité de son caractère le garantit de tout danger réel. D'ailleurs, M. de Saint-Aignan, si notre plan est parvenu au cardinal Alberoni, doit à cette heure lui servir d'otage.

— Il y a du vrai dans ce que vous dites là, reprit Brigaud en se rassurant.

— Et de qui tenez-vous ces nouvelles? demanda le chevalier.

— De Valef, qui les tenait de madame du Maine, et qui est allé aux nouvelles chez le prince de Cellamare lui-même.

— Eh bien! il faudrait voir Valef.

— Je lui ai donné rendez-vous ici, et comme j'ai passé, avant de venir vous voir, chez le marquis de Pompadour, je m'étonne même qu'il ne soit pas encore arrivé.

— Raoul! dit une voix dans l'escalier; Raoul!

— Et tenez, c'est lui, s'écria d'Harmental en courant à la porte et en l'ouvrant.

— Merci, très cher, dit le baron de Valef, et vous venez fort à propos à mon aide, car sur mon honneur j'allais m'en aller convaincu que Brigaud s'était trompé d'adresse et qu'un chrétien ne pouvait demeurer à une pareille hauteur et dans un semblable pigeonnier. Ah! mon cher, continua Valef en pirouettant sur le talon et en regardant la mansarde de d'Harmental, il faut que je vous y amène madame du Maine, et qu'elle sache tout ce qu'elle vous doit.

— Dieu veuille, baron, dit Brigaud, que vous, le chevalier et moi ne soyons pas plus mal logés encore d'ici à quelques jours.

— Ah! vous voulez dire la Bastille? C'est possible, l'abbé, mais au moins, à la Bastille, il y a force majeure; puis c'est un logement royal, ce qui le rehausse toujours un peu et en fait une demeure qu'un gentilhomme peut habiter sans déchoir. Mais ce logement! fi donc, l'abbé! Je sens le clerc de procureur à une lieue : parole d'honneur!

— Eh bien, si vous saviez ce que j'y ai trouvé, Valef, dit d'Harmental piqué malgré lui du mépris que le baron faisait de sa demeure, vous seriez comme moi, vous ne voudriez plus le quitter.

— Bah! vraiment? quelque petite bourgeoise? une madame Michelin peut-être? Prenez garde, chevalier, il n'y a qu'à Richelieu que ces choses-là soient permises. A vous et à moi qui valons mieux que lui peut-être, mais qui pour le moment avons le malheur de ne point être si fort à la mode que lui, cela nous ferait le plus grand tort.

— Au reste, baron, dit Brigaud, quelque frivoles que soient vos observations, je les écoute avec le plus grand plaisir, attendu qu'elles me prouvent que nos affaires ne sont point en si mauvais état que nous le pensions.

— Au contraire. A propos, la conspiration est à tous les diables!

— Que dites-vous là, baron? s'écria Brigaud.

— Je dis que j'ai bien cru qu'on ne me laisserait pas même le loisir de venir vous apporter la nouvelle que je vous apporte.

— Vous avez failli être arrêté, mon cher Valef? demanda d'Harmental.

— Il ne s'en est pas fallu de l'épaisseur d'un cheveu.

— Et comment cela, baron?

— Comment cela? vous savez bien, l'abbé, que je vous ai quitté pour aller chez le prince de Cellamare.

— Oui.

— Eh bien! j'y étais quand on est venu pour saisir ses papiers.

— On a saisi les papiers du prince? s'écria Brigaud.

— Moins ceux que nous avons brûlés, et malheureusement ce n'est pas la majeure partie.

— Mais nous sommes tous perdus alors, dit l'abbé.

— Oh! mon cher Brigaud, comme vous jetez le manche après la cognée! Que diable!

est-ce qu'il ne nous reste pas la ressource de faire une petite Fronde, et croyez-vous que madame du Maine ne vaille pas la duchesse de Longueville ?

— Mais enfin, mon cher Valef, comment cela s'est-il passé? demanda d'Harmental.

— Mon cher chevalier, imaginez-vous la scène la plus bouffonne du monde. J'aurais voulu pour beaucoup que vous fussiez là. Nous aurions ri comme des dératés. Cela aurait fait enrager ce croquant de Dubois.

— Comment! Dubois lui même, demanda Brigaud, Dubois est venu chez l'ambassadeur ?

—En personne naturelle, l'abbé. Imaginez-vous que nous étions en train de causer tranquillement au coin du feu de nos petites affaires, le prince de Cellamare et moi, fouillant dans une cassette pleine de lettres plus ou moins importantes, et brûlant toutes celles qui nous paraissaient mériter les honneurs de l'auto-da-fé, lorsque tout-à-coup son valet de chambre entre et nous annonce que l'hôtel de l'ambassade est cerné par un cordon de mousquetaires, et que Dubois et Leblanc demandent à lui parler. Le but de la visite n'était pas difficile à deviner. Le prince, sans se donner la peine de choisir, vide la cassette tout entière au feu, me pousse dans un cabinet de toilette et ordonne de faire entrer. L'ordre était inutile : Dubois et Leblanc étaient déjà sur la porte. Heureusement ni l'un ni l'autre ne m'avait vu.

— Jusqu'ici je ne vois rien de bien drôle dans tout cela, dit Brigaud en secouant la tête.

— Justement, voilà où cela commence, reprit Valef. Imaginez-vous d'abord que j'étais là dans mon cabinet, voyant et entendant tout. Dubois parut sur la porte, suivi de Leblanc, allongeant sa tête de fouine dans la chambre, et cherchant du regard le prince de Cellamare, qui, enveloppé de sa robe de chambre, se tenait devant la cheminée pour donner aux papiers en question le temps de brûler.

— Monsieur, dit le prince avec ce flegme que vous lui connaissez, puis-je savoir à quel événement je dois la bonne fortune de votre visite?

— Oh! mon Dieu, Monseigneur, dit Dubois, à une chose bien simple, au désir qui nous est venu, à M. Leblanc et à moi, de prendre connaissance de vos papiers, dont, ajouta-t-il en montrant les lettres du roi Philippe V, ces deux échantillons nous ont donné un avant-goût.

— Comment! dit Brigaud, ces lettres, saisies à dix heures seulement à Versailles sur la personne de M. de Villeroy, étaient déjà à une heure à Paris entre les mains de Dubois ?

— Comme vous dites, l'abbé, vous voyez qu'elles ont fait plus de chemin que si on les avait mises tout bonnement à la poste.

— Et qu'a dit alors le prince? demanda d'Harmental.

— Oh! le prince a voulu hausser la voix, le prince a voulu invoquer le droit des gens ; mais Dubois, qui ne manque pas d'une certaine logique, lui a fait observer qu'il avait quelque peu violé lui-même ce droit en couvrant la conspiration de son manteau d'ambassadeur. Bref, comme il était le moins fort, il lui fallut bien souffrir ce qu'il ne pouvait empêcher. D'ailleurs Leblanc, sans lui en demander la permission, avait déjà ouvert le secrétaire et visité ce qu'il contenait, tandis que

Dubois tirait les tiroirs d'un bureau et furetait de son côté. Tout-à-coup Cellamare quitta sa place, et arrêtant Leblanc, qui venait de mettre la main sur un paquet de lettres liées avec un ruban rose :

— Pardon, Monsieur, lui dit-il, à chacun ses attributions. Ces lettres sont des lettres de femmes : cela regarde l'ami du prince.

—Merci de votre confiance, dit Dubois sans se déconcerter en se levant et en allant recevoir le paquet des mains de Leblanc ; j'ai l'habitude de ces sortes de secrets, et le vôtre sera bien gardé.

En ce moment ses yeux se portèrent sur la cheminée, et au milieu des cendres des lettres brûlées, Dubois aperçut un papier encore intact, et se précipitant vers la cheminée, il le saisit au moment où les flammes allaient l'atteindre. Le mouvement fut si rapide, que l'ambassadeur ne put l'empêcher, et que le papier était aux mains de Dubois avant qu'il eût deviné quelle était son intention.

— Peste! dit le prince en regardant Dubois qui se secouait les doigts, je savais bien que M. le régent avait des espions habiles, mais je ne les savais pas assez braves pour aller au feu.

— Et ma foi, prince, dit Dubois, qui avait déjà ouvert le papier, ils sont grandement récompensés de leur bravoure. Voyez...

Le prince jeta les yeux sur le papier. Je ne sais pas ce qu'il contenait; ce que je sais, c'est que le prince devint pâle comme la mort, et que, comme Dubois éclatait de rire, Cellamare, dans un moment de colère, brisa en mille morceaux une charmante petite statue de marbre qui se trouva sous sa main.

— J'aime mieux que ce soit elle que moi,

dit froidement Dubois en regardant les morceaux qui roulaient jusqu'à ses pieds et en mettant le papier dans sa poche.

— Chacun aura son tour, Monsieur ; le ciel est juste, dit l'ambassadeur.

— En attendant, reprit Dubois avec son ton goguenard, comme nous avons à peu près ce que nous désirions avoir, et qu'il ne nous reste pas de temps à perdre aujourd'hui, nous allons mettre les scellés chez vous.

— Les scellés chez moi ! s'écria l'ambassadeur exaspéré.

— Avec votre permission, dit Dubois. M. Leblanc, procédez.

Leblanc tira d'un sac des bandes et de la cire toutes préparées.

Il commença l'opération par le secrétaire et le bureau ; puis, les cachets appliqués sur ces deux meubles, il s'avança vers la porte de mon cabinet.

— Messieurs, s'écria le prince, je ne souffrirai jamais...

— Messieurs, dit Dubois en ouvrant la porte et en introduisant dans la chambre de l'ambassadeur deux officiers de mousquetaires, voilà M. l'ambassadeur d'Espagne qui est accusé de haute trahison contre l'État ; ayez la bonté de l'accompagner à la voiture qui l'attend, et de le conduire où vous savez. S'il fait résistance, appelez huit hommes et emportez-le.

— Et que fit le prince ? dit Brigaud.

— Le prince fit ce que vous auriez fait à sa place, je le présume, mon cher abbé : il suivit les deux officiers, et cinq minutes après, votre serviteur se trouva sous le scellé.

— Pauvre baron! s'écria d'Harmental, et comment diable t'en es-tu tiré?

— Ah! voilà justement le beau de la chose. A peine le prince sorti et moi sous bande, comme ma porte se trouvait la dernière à cacheter et que, par conséquent, la besogne était finie, Dubois appela le valet de chambre du prince.

— Comment vous nommez-vous? demanda Dubois.

— Lapierre, Monseigneur, pour vous servir, répondit le valet tout tremblant.

— Mon cher Leblanc, reprit Dubois, expliquez, je vous prie, à M. Lapierre quelles sont les peines que l'on encourt pour bris de scellés.

— Les galères, répondit Leblanc avec cet accent aimable que vous lui connaissez.

— Mon cher M. Lapierre, continua Dubois

d'un ton doux comme miel, vous entendez : s'il vous convient d'aller ramer pendant quelques années sur les vaisseaux de Sa Majesté le roi de France, touchez du bout du doigt seulement à l'une de ces petites bandes où à un de ces gros cachets, et votre affaire sera faite. Si, au contraire, une centaine de louis vous sont agréables, gardez fidèlement les scellés que nous venons de poser, et dans trois jours les cent louis vous seront comptés.

— Je préfère les cent louis, dit ce gredin de Lapierre.

— Eh bien! alors, signez ce procès-verbal; nous vous constituons gardien du cabinet du prince.

— Je suis à vos ordres, Monseigneur, répondit Lapierre, et il signa.

— Maintenant, dit Dubois, vous comprenez

toute la responsabilité qui pèse sur vous.

— Oui, Monseigneur.

— Et vous vous y soumettez?

— Je m'y soumets.

— A merveille ; mon cher Leblanc, nous n'avons plus rien à faire ici, dit Dubois, et j'ai, ajouta-t-il en montrant le papier qu'il avait tiré de la cheminée, tout ce que je désirais avoir.

Et à ces mots il sortit suivi de son acolyte. Lapierre les regarda s'éloigner, puis lorsqu'il les eut vus monter en voiture :

— Eh! vite, monsieur le baron, dit-il en se retournant du côté du cabinet, il s'agit de profiter de ce que nous sommes seuls pour vous en aller.

— Tu savais donc que j'étais ici, maraud?

— Pardieu! est-ce que j'aurais accepté la place de gardien sans cela? Je vous avais vu entrer dans le cabinet, et j'ai pensé que vous ne seriez pas curieux de rester là trois jours.

— Et tu as eu raison. Cent louis pour toi en récompense de cette bonne idée.

— Bon Dieu, que faites-vous donc? s'écria Lapierre.

— Tu le vois bien, j'essaie de sortir.

— Pas par la porte, monsieur le baron, pas par la porte! Vous ne voudriez pas envoyer un pauvre père de famille aux galères. D'ailleurs, pour plus de sûreté, ils ont emporté la clé avec eux.

— Et par où diable alors veux-tu que je m'en aille, maroufle?

— Levez la tête.

— Elle est levée.

— Regardez en l'air.

— J'y regarde.

— A votre droite.

— J'y suis.

— Ne voyez-vous rien ?

— Ah si fait ! un œil-de-bœuf.

— Eh bien ! montez sur une chaise, sur un meuble, sur la première chose venue. L'œil-de-bœuf donne dans l'alcôve. Là, laissez-vous glisser maintenant, vous tomberez sur le lit. Voilà. Vous ne vous êtes pas fait mal, monsieur le baron ?

— Non. Le prince était fort bien couché, ma foi. Je souhaite qu'il ait un aussi bon lit où on le mène !

— Et j'espère maintenant que monsieur le baron n'oubliera pas le service que je lui ai rendu ?

— Les cent louis, n'est-ce pas ?

— C'est M. le baron qui me les a offerts.

— Tiens, drôle, comme je ne me soucie pas de me dessaisir en ce moment de mon argent, prends cette bague, elle vaut trois cents pistoles : c'est six cents livres que tu gagnes au marché.

— Monsieur le baron est le plus généreux seigneur que je connaisse.

— C'est bien. Et maintenant par où faut-il que je m'en aille?

— Par ce petit escalier. Monsieur le baron se trouvera dans l'office, il traversera la cuisine, descendra dans le jardin et sortira par la petite porte, car peut-être la grande est-elle gardée.

— Merci de l'itinéraire.

Je suivis les instructions de M. Lapierre de point en point; je trouvai l'office, la cuisine, le jardin, la petite porte; je ne fis qu'un bond de la rue des Saints-Pères ici, et me voilà.

— Et le prince de Cellamare, où est-il? demanda le chevalier.

— Est-ce que je le sais, moi? dit Valef. En prison, sans doute.

— Diable! diable! diable! fit Brigaud.

— Eh bien! que dites-vous de mon odyssée, l'abbé?

— Je dis que ce serait fort drôle, sans ce maudit papier que ce damné de Dubois est allé ramasser dans les cendres.

— Oui, en effet, dit Valef, cela gâte la chose.

— Et vous n'avez aucune idée de ce que ce pouvait être?

— Aucune. Mais soyez tranquille, l'abbé, il n'est pas perdu, et un jour ou l'autre nous saurons bien ce que c'était.

En ce moment on entendit quelqu'un qui montait l'escalier. La porte s'ouvrit, et Boniface passa sa tête joufflue.

— Pardon, excuse, monsieur Raoul, dit l'héritier présomptif de madame Denis, mais ce n'est pas vous que je cherche, c'est le papa Brigaud.

— N'importe, monsieur Boniface, dit Raoul, soyez le bienvenu. Mon cher baron, je vous présente mon prédécesseur dans cette chambre, le fils de ma digne propriétaire, madame Denis, le filleul de notre bon ami l'abbé Brigaud.

— Tiens, vous avez des amis barons, monsieur Raoul! Peste! Quel honneur pour la maison de la mère Denis! Ah! vous êtes baron, vous?

— C'est bien, c'est bien, petit drôle, dit l'abbé, qui ne se souciait pas qu'on le sût en si bonne compagnie. C'est moi que tu cherchais, as-tu dit?

— Vous-même.

— Que me veux-tu?

— Moi, rien. C'est la mère Denis qui vous réclame.

— Que me veut-elle? le sais-tu?

— Tiens, si je le sais! Elle veut vous demander pourquoi le Parlement s'assemble demain.

— Le Parlement s'assemble demain! s'écrièrent Valef et d'Harmental.

— Et dans quel but? demanda Brigaud.

— Eh bien! c'est justement ce qui l'intrigue, cette pauvre femme.

— Et d'où ta mère a-t-elle su que le Parlement s'assemblait?

— C'est moi qui le lui ai dit.

— Et où l'as-tu appris, toi?

— Chez mon procureur, pardieu! M⁶ Joullu était justement chez M. le premier président, quand l'ordre lui est arrivé des Tuileries.

Aussi, si le feu prend demain à l'étude, ce n'est pas moi qui l'y aurai mis, vous pourrez être parfaitement tranquille, père Brigaud. Oh! dites donc, ils vont venir tous en robe rouge! ça va faire une fameuse baisse dans les écrevisses!

— C'est bon, garnement ; dis à ta mère que je passerai chez elle en descendant.

— Sufficit! on vous attendra. Adieu, monsieur Raoul; adieu, monsieur le baron. Oh! à deux sous les homards! à deux sous!

Et M. Boniface sortit, fort éloigné de se douter de l'effet qu'il venait de produire sur ses trois auditeurs.

— C'est quelque coup d'état qui se machine, murmura d'Harmental.

— Je cours chez madame du Maine pour l'en prévenir, dit Valef.

— Et moi, chez Pompadour, pour savoir des nouvelles, dit Brigaud.

— Et moi, je reste, dit d'Harmental. Si vous avez besoin de moi, l'abbé, vous savez où je suis.

— Mais si vous n'étiez pas chez vous, chevalier ?

— Oh ! je ne serais pas loin ; vous n'auriez qu'à ouvrir la fenêtre et à frapper trois fois dans vos mains : on accourrait.

L'abbé Brigaud et le baron de Valef prirent leur chapeau et descendirent ensemble pour aller chacun où il avait dit.

Cinq minutes après eux d'Harmental descendit à son tour et monta chez Bathilde qu'il trouva fort inquiète.

Il était cinq heures de l'après-midi et Buvat n'était pas encore rentré.

C'était la première fois que pareille chose arrivait depuis que la jeune fille avait l'âge de connaissance.

III.

LE LIT DE JUSTICE.

Le lendemain à sept heures du matin, Brigaud vint prendre d'Harmental et trouva le jeune homme habillé et l'attendant. Tous deux s'enveloppèrent de leurs manteaux, rabattirent leurs chapeaux sur leurs yeux et s'acheminèrent par la rue de Cléry, la place des Victoires et le jardin du Palais-Royal.

En approchant de la rue de l'Échelle, ils commencèrent à apercevoir un mouvement inaccoutumé; toutes les avenues des Tuileries étaient gardées par des détachements nombreux de chevau-légers et de mousquetaires, et les curieux exilés de la cour et du jardin des Tuileries, se pressaient sur la place du Carrousel. D'Harmental et Brigaud se mêlèrent à la foule.

Arrivés à l'endroit où se trouve aujourd'hui l'Arc de Triomphe, ils furent accostés par un officier de mousquetaires gris enveloppé comme eux d'un grand manteau. C'était Valef.

— Eh bien! baron, demanda Brigaud, qu'y a-t-il de nouveau?

— Ah! c'est vous l'abbé? dit Valef. Nous vous cherchions, Laval, Malezieux et moi. Je les quitte à l'instant même et ils doivent être aux environs. Ne nous éloignons pas d'ici et ils ne tarderont pas à nous rejoindre. Savez-vous quelque chose vous-même ?

— Non, rien ; je suis passé chez Malezieux, mais il était déjà sorti.

— Dites qu'il n'était pas encore rentré. Nous sommes restés toute la nuit à l'Arsenal.

— Et aucune démonstration hostile n'a été faite? demanda d'Harmental.

Aucune. M. le duc du Maine et M. le comte de Toulouse étaient convoqués par le conseil de régence qui devait se tenir ce matin avant le lit de justice. A six heures et demie ils étaient tous deux aux Tuileries, ainsi que madame du Maine, qui, pour se tenir plus près des nouvelles, est venue s'installer dans ses appartements de la surintendance.

— Sait-on ce qu'est devenu le prince de Cellamare ? demanda d'Harmental.

— On l'a acheminé sur Orléans, dans une voiture à quatre chevaux, accompagné d'un gentilhomme de la chambre du roi et escorté de douze chevau-légers.

— Et on n'a rien appris du papier saisi par Dubois dans les cendres? demanda Brigaud.

— Rien.

— Que pense madame du Maine?

— Qu'il se brasse quelque chose contre les princes légitimes, et qu'on va profiter de tout ceci pour leur enlever encore quelques-uns de leurs privilèges. Aussi ce matin elle a vertement chapitré son mari qui lui a promis de tenir ferme; mais elle n'y compte pas.

— Et monsieur de Toulouse?

— Nous l'avons vu hier soir; mais vous le savez, mon cher abbé, il n'y a rien à en faire avec sa modestie, ou plutôt son humilité. Il trouve toujours qu'on fait trop pour eux, et il est sans cesse prêt à abandonner au régent ce qu'il lui demande.

— A propos, le roi?

— Eh bien! le roi...

— Oui, comment a-t-il pris l'arrestation de son gouverneur?

— Ah! vous ne savez pas : il paraît qu'il y avait un pacte entre le maréchal et M. de Fréjus, et que si l'on éloignait l'un de Sa Majesté, l'autre devait se retirer aussitôt. Hier, dans la matinée, M. de Fréjus a disparu.

— Et où est-il?

— Dieu le sait! De sorte que le roi, qui avait assez bien pris la perte de son maréchal, est inconsolable de celle de son évêque.

— Et par qui savez-vous tout cela?

— Par le duc de Richelieu, qui est venu hier, vers les deux heures, à Versailles pour faire sa cour au roi, et qui a trouvé Sa Majesté au désespoir, au milieu des porcelaines et des carreaux qu'elle avait cassés. Malheureusement vous connaissez Richelieu : au lieu de pousser le roi à la tristesse, il l'a fait rire en lui contant cinquante balivernes, et l'a presque consolé en cassant avec lui le reste de ses porcelaines et de ses carreaux.

En ce moment, un individu vêtu d'une longue robe d'avocat et coiffé d'un bonnet carré passa près du groupe que formaient Brigaud, d'Harmental et Valef, en fredonnant le refrain d'une chanson faite sur le maréchal après la bataille de Ramillies, et qui était :

<blockquote>
Villeroy, Villeroy,
A fort bien servi le roi...
Guillaume, Guillaume, Guillaume.
</blockquote>

Brigaud se retourna, et sous ce déguisement crut reconnaître Pompadour. De son côté, l'avocat s'arrêta et s'approcha du groupe en question, l'abbé n'eut plus de doute : c'était bien le marquis.

— Eh bien! maître Clément, lui dit-il, quelle nouvelle au palais?

— Mais, répondit Pompadour, une grande nouvelle, surtout si elle se confirme : on dit que le parlement refuse de se rendre aux Tuileries.

— Vive Dieu! cria Valef, voilà qui me raccommodera avec les robes rouges; mais il n'osera.

— Dam! vous savez que M. de Mesne est des nôtres; il a été nommé président par le crédit de M. du Maine.

— Oui, c'est vrai, mais il y a bien longtemps de cela, dit Brigaud, et si vous n'avez pas d'autre certitude, maître Clément, je vous conseille de ne pas trop compter sur lui.

— D'autant plus, reprit Valef, que, comme

vous le savez, il vient d'obtenir du régent qu'il lui fasse payer les 500,000 livres de son billet de retenue.

— Oh! oh! dit d'Harmental, voyez donc : il me semble qu'il se passe quelque chose de nouveau. Est-ce que l'on sortirait déjà du conseil de régence ?

En effet, un grand mouvement s'opérait dans la cour des Tuileries, et les deux voitures du duc du Maine et du comte de Toulouse, quittant leur poste, s'approchaient du pavillon de l'Horloge. Au même instant on vit paraître les deux frères. Ils échangèrent quelques mots; chacun monta dans son carrosse, et les deux voitures s'éloignèrent rapidement par le guichet du bord de l'eau.

Pendant dix minutes, Brigaud, Pompadour, d'Harmental et Valef se perdirent en conjectures sur cet événement, qui, remarqué par beaucoup d'autres que par eux, avait fait sensation dans la foule, mais sans pouvoir se rendre compte de sa véritable cause, lorsqu'ils aperçurent Malezieux qui paraissait les chercher. Ils allèrent à lui, et, à sa figure décomposée, ils jugèrent que les renseignements, s'il en avait, devaient être peu rassurants.

— Eh bien! demanda Pompadour, avez-vous quelque idée de ce qui se passe?

— Hélas! reprit Malezieux, j'ai bien peur que tout ne soit perdu.

— Vous savez que le duc du Maine et le comte de Toulouse ont quitté le conseil de régence? reprit Valef.

— J'étais sur le quai comme il passait en voiture ; il m'a reconnu, a fait arrêter le cocher et m'a envoyé par son valet de chambre ce petit billet au crayon.

— Voyons, dit Brigaud, et il lut :

« Je ne sais ce qui se trame contre nous,
« mais le régent nous a fait inviter, Toulouse
« et moi, à quitter le conseil. Cette invitation
« m'a paru un ordre, et comme toute résis-
« tance eût été inutile, attendu que nous n'a-
« vons dans le conseil que quatre ou cinq
« voix sur lesquelles je ne sais même pas trop
« si nous pouvons compter, j'ai dû obéir. Tâ-
« chez de voir la duchesse, qui doit être aux
« Tuileries, et dites lui que je me retire à
« Rambouillet où j'attendrai les évènements.

« Votre affectionné,

Louis-Auguste. »

— Le lâche ! dit Valef.

— Et voilà les gens pour lesquels nous risquons notre tête ! murmura Pompadour.

— Vous vous trompez, mon cher marquis,
dit Brigaud, nous risquons notre tête pour
nous-mêmes, je l'espère bien, et non pas

pour d'autres. N'est-il pas vrai, chevalier? Eh bien! à qui diable en avez-vous?

— Attendez donc, l'abbé, répondit d'Harmental; c'est qu'il me semble reconnaître... mais oui, le diable m'emporte! c'est lui-même. Vous ne vous éloignez pas d'ici, Messieurs?

— Non, pas pour mon mon compte du moins, dit Pompadour.

— Ni moi, dit Valef.

— Ni moi, dit Malezieux.

— Ni moi, dit l'abbé.

— Eh bien! en ce cas je vous rejoins dans un instant.

— Où allez-vous? demanda Brigaud.

— Ne faites pas attention, l'abbé, dit d'Harmental; c'est pour affaire qui m'est personnelle. Et quittant le bras de Valef, d'Harmental se mit aussitôt à fendre la foule dans la direction d'un individu que depuis quelque temps il suivait du regard avec la plus grande attention, et qui, grâce à sa force musculaire, ce grand porte-respect de la multitude, s'était approché de la grille, lui et les deux donzelles avinées qui pendaient à ses bras.

— Voyez-vous, mes princesses, disait l'individu en question, en accompagnant ses paroles de lignes architecturales qu'il traçait sur le sable avec le bout de sa canne, tandis qu'à chacun de ses mouvements sa longue épée frétillait dans les jambes de ses voisins, voici ce que c'est qu'un lit de justice. Je connais cela, moi; j'ai vu celui qui a eu lieu à la mort du feu roi, quand on a cassé le testament et qu'on a déclaré, sauf le respect dû à Sa Majesté Louis XIV, que des bâtards étaient toujours des bâtards. Voyez-vous, ça se passe dans une grande salle, longue ou carrée, ça n'y fait rien ; le lit du roi est ici, les pairs sont là, le parlement est en face.

— Dis donc, Honorine, interrompit l'une des deux demoiselles, est-ce que cela t'amuse, ce qu'il te conte là ?

— Mais, pas le moindrement ; ce n'était pas la peine de nous amener du quai Saint-Paul ici, en nous promettant le spectacle, pour nous montrer cinquante mousquetaires à cheval et une douzaine de chevau-légers qui courent après les autres.

— Dis donc, mon vieux, reprit la première interlocutrice, il me semble que si nous allions manger une matelotte à la Rapée, ça serait plus nourrissant que ton lit de justice, hein ?

— Mademoiselle Honorine, reprit celui à qui cette astucieuse invitation était faite, j'ai déjà remarqué, quoiqu'il y ait à peine douze heures que j'aie l'honneur de vous connaître, que vous êtes fort portée sur votre bouche, ce qui est un bien vilain défaut pour une femme. Tâchez donc de vous en corriger, du moins pour tout le temps que vous avez encore à rester avec moi.

— Dis donc, dis donc, Phémie, est-ce qu'il voudrait nous mener comme cela jusqu'à cinq heures du soir, avec son omelette au lard et ses trois bouteilles de vin blanc, ce vieux reitre ! D'abord, je te préviens, mon bel homme, que je file si on n'est pas nourrie en restant.

— Tout beau, ma passion, comme dit M. Pierre Corneille, tout beau ! reprit le personnage à la vanité duquel on faisait cet appel gastronomique, en saisissant de chacune de ses mains le poignet de chacune de ces demoiselles et en les assurant sous ses bras comme avec des tenailles ; il n'est point question ici de discuter sur un plat de plus ou de moins; vous m'appartenez jusqu'à quatre heures du soir d'après convention faite avec madame chose, comment l'appelez-vous? cela m'est égal!

— Oui, mais nourries, nourries!

— Il n'a pas été un seul instant question de nourriture dans le traité, mes poulettes, et s'il y a quelqu'un de lésé dans l'affaire, c'est moi.

— Toi, vilain ladre!

— Oui, moi; j'ai demandé deux femmes.

— Eh bien! tu les as.

— Pardon, pardon; je répète : j'ai demandé deux femmes, ce qui veut dire une blonde et une brune, et l'on a profité de l'obscurité pour me donner deux blondes, ce qui est exactement comme si on ne m'en avait donné qu'une, vu que c'est bonnet blanc, blanc bonnet. C'est donc moi qui aurais le droit de réclamer des dommages-intérêts. Aussi, taisons-nous, mes amours, taisons-nous !

— Mais c'est une injustice ! crièrent ensemble les deux donzelles.

— Que voulez-vous ? le monde est plein d'injustice. Tenez, on en fait probablement une dans ce moment-ci à ce pauvre M. du Maine, et si vous aviez un peu de cœur, vous ne penseriez qu'au chagrin qu'on prépare à ce pauvre prince. Quant à moi, j'en ai l'estomac si serré qu'il me serait impossible d'avaler la moindre chose. D'ailleurs, vous demandiez du spectacle : tenez, en voilà, et un beau ! regardez. Qui regarde, dîne.

— Capitaine, dit en frappant sur l'épaule de Roquefinette le chevalier, qui espérait, grâce au mouvement qu'occasionnait l'approche du Parlement, pouvoir, sans être remarqué, échanger quelques paroles avec notre vieille connaissance qu'il retrouvait là par hasard, est-ce que je pourrais vous dire deux mots en particulier?

— Quatre, chevalier, quatre, et avec le plus grand plaisir. Restez-là, mes petites chattes, ajouta-t-il en plaçant les deux demoiselles au premier rang ; et si quelqu'un vous insulte, faites-moi signe. Je suis ici à deux pas. Me voilà, chevalier, me voilà, continua-t-il en le tirant hors de la foule qui se pressait sur le passage du parlement. Je vous avais reconnu depuis cinq minutes, mais il ne m'appartenait pas de vous parler le premier.

— Je vois avec plaisir, dit d'Harmental, que le capitaine Roquefinette est toujours prudent.

— Prudentissime, chevalier ; ainsi, si vous avez quelque nouvelle ouverture à me faire, allez de l'avant.

— Non, capitaine, non pas, pour le moment du moins. D'ailleurs, le lieu n'est pas propre à une conférence de cette nature. Seulement, je voulais savoir de vous, le cas échéant, si vous logiez toujours en même endroit.

— Toujours, chevalier. Je suis comme le lierre, moi; je meurs ou je m'attache; seulement, comme lui je grimpe : ce qui veut dire qu'au lieu de me trouver comme la dernière fois au premier ou au second, il vous faudra, si vous me faites l'honneur de me visiter, me venir chercher cette fois au cinquième ou au sixième, attendu que, par un mouvement de bascule que vous comprendrez sans être un grand économiste, à mesure que les fonds baissent, moi, je monte. Or, les fonds étant au plus bas, je me trouve naturellement au plus haut.

— Comment, capitaine, dit d'Harmental

en riant, et en portant la main à la poche de sa veste, vous êtes gêné et vous ne vous adressez point à vos amis.

— Moi, emprunter de l'argent! reprit le capitaine, en arrêtant d'un geste les dispositions libérales du chevalier. Fi donc! Quand je rends un service, qu'on me fasse un cadeau, très bien. Quand je conclus un marché, qu'on en exécute les conditions, à merveille! Mais que je demande sans avoir le droit de demander? c'est bon pour un rat d'église, et non pour un homme d'épée. Quoiqu'on soit gentilhomme tout juste, on est fier comme un duc et pair. Mais pardon, pardon, j'aperçois mes drôlesses qui s'esbignent, et je ne veux pas être fait au même par de pareilles espèces. Si vous avez besoin de moi, vous savez où me trouver. Ainsi, au revoir, chevalier, au revoir.

— Et sans attendre ce que d'Harmental pouvait encore avoir à lui dire, Roquefinette se mit à la poursuite de mesdemoiselles Honorine et Euphémie, qui se croyant hors de la vue du capitaine, avaient voulu profiter de cette circonstance pour chercher ailleurs la matelotte à laquelle l'honorable miquelet eût sans doute tenu autant qu'elles si par fortune il eût eu le gousset mieux garni.

Cependant, comme il n'était que onze heures du matin à peine, comme selon toute probabilité le lit de justice ne devait finir que vers les quatre heures du soir et que jusque-là il n'y aurait sans doute rien de décidé, le chevalier songea qu'au lieu de rester sur la place du Carrousel il ferait bien mieux d'utiliser, au profit de son amour, les trois ou quatre heures qu'il avait devant lui. D'ailleurs, plus il approchait d'une catastrophe quelconque, plus il éprouvait le besoin de voir Bathilde. Bathilde était devenue un des éléments de sa vie, un des organes nécessaires à son existence, et au moment d'en être séparé pour toujours peut-être, il ne comprenait pas comment il pourrait vivre éloigné d'elle un seul jour. En conséquence et pressé par ce besoin éternel de la présence de celle qu'il aimait, le chevalier, au lieu de se mettre à la recherche de ses compagnons, s'achemina du côté de la rue du Temps-Perdu.

D'Harmental trouva la pauvre enfant fort inquiète. Buvat n'avait point reparu depuis la veille à neuf heures et demie du matin. Nanette avait alors été s'informer à la Bibliothèque, et à sa grande stupéfaction, et au grand scandale de ses confrères, elle avait appris que depuis cinq ou six jours on n'y avait point aperçu le digne employé. Un pareil dérangement dans les habitudes de Buvat indiquait l'imminence de graves évènements. D'un autre côté la jeune fille avait remarqué la veille dans Raoul une espèce d'agitation fébrile qui, quoique comprimée par la force de son caractère, dénonçait quelque crise sérieuse. Enfin, en joignant ses anciennes craintes à ses nouvelles angoisses, Bathilde sentait instinctivement qu'un malheur invisible mais inévitable planait au-dessus d'elle, et d'une heure à l'autre pouvait s'abattre sur sa tête.

Mais quand Bathilde voyait Raoul, toute crainte passée ou à venir disparaissait dans le bonheur présent. De son côté Raoul, soit puissance sur lui-même, soit qu'il ressentit une influence pareille à celle qu'il faisait éprouver, ne pensait plus qu'à une seule chose, à Bathilde. Cependant cette fois, les préoccupations de part et d'autre devenaient si graves, que Bathilde ne put s'empêcher d'exprimer à d'Harmental ses inquiétudes qui furent d'autant plus mal combattues, que cette absence de Buvat se rattachait dans l'esprit du jeune homme à des soupçons qui lui étaient déjà venus et qu'il s'était empressé d'éloigner de lui. Le temps ne s'en écoula pas moins avec sa rapidité ordinaire, et quatre heures sonnèrent que les deux amants croyaient encore être ensemble depuis cinq minutes à peine. C'était l'heure à laquelle ils avaient l'habitude de se quitter.

Si Buvat devait revenir, il devait revenir à cette heure. Après mille serments échangés, les deux jeunes gens se séparèrent, en convenant que si quelque chose de nouveau arrivait à l'un des deux, à quelque heure du jour ou de la nuit que ce fût, l'autre en serait prévenu à l'instant même.

A la porte de la maison de madame Denis, d'Harmental rencontra Brigaud. Le lit de justice était fini ; on ne savait encore rien de positif, mais des bruits vagues annonçaient que de terribles mesures avaient été prises. Au reste, les renseignements allaient arriver; Brigaud avait pris rendez-vous avec Pompadour et Malezieux chez d'Harmental qui, le moins connu de tous, devait être aussi le moins observé.

Au bout d'une heure, le marquis de Pompadour arriva. Le Parlement avait d'abord voulu faire de l'opposition, mais tout avait plié sous la volonté du régent. Les lettres du roi d'Espagne avaient été lues et condamnées. Il avait été décidé que les ducs et pairs auraient séance immédiatement après les princes du sang. Les honneurs des princes légitimes étaient restreints au simple rang de leurs pairies. Enfin, le duc du Maine perdait la surintendance de l'éducation du roi, accordée à M. le duc de Bourbon. Le comte de Toulouse seul était sa vie durant maintenu par exception dans ses priviléges et prérogatives.

Malezieux arriva à son tour; il quittait la duchesse. Séance tenante, on lui avait fait signifier de quitter son logement des Tuileries qui appartenait désormais à M. le duc. Un pareil affront avait, comme on le comprend bien, exaspéré l'altière petite-fille du grand Condé. Elle était alors entrée dans une telle colère qu'elle avait de sa main brisé toutes ses glaces, et fait jeter les meubles par la fenêtre; puis, cette exécution terminée, elle était montée en voiture, en envoyant Laval à Rambouillet, afin de pousser M. du Maine à quelque acte de vigueur, et en chargeant Malezieux de convoquer tous ses amis pour la nuit même à l'Arsenal.

Pompadour et Brigaud se récrièrent sur l'imprudence d'une pareille convocation. Madame du Maine était évidemment gardée à vue. Aller à l'Arsenal le jour même où l'on devait la savoir le plus irritée, c'était se compromettre ostensiblement. Pompadour et Brigaud opinaient en conséquence pour faire supplier Son Altesse de choisir un autre jour et un autre lieu de rendez-vous. Malezieux et d'Harmental étaient du même avis sur l'imprudence de la démarche et sur le danger à courir. Mais tous deux étaient d'avis, le premier par dévoûment, le second par devoir, que plus l'ordre était périlleux, plus il était de leur honneur d'y obéir.

La discussion, comme il arrive toujours en pareille circonstance, commençait à dégénérer en altercation assez vive, lorsqu'on entendit le pas de deux personnes qui montaient l'escalier. Comme les trois personnes qui avaient pris rendez-vous chez d'Harmental s'y trouvaient réunies, Brigaud qui, l'oreille toujours au guet, avait le premier entendu le bruit, porta le doigt à sa bouche pour indiquer à ses interlocuteurs de faire silence. On entendit alors distinctement les pas se rapprocher. Un léger chuchottement, pareil à celui de deux personnes qui s'interrogent, leur succéda. Enfin la porte s'ouvrit et donna passage à un soldat aux gardes françaises et à une petite grisette.

Le soldat aux gardes était le baron de Valef.

Quant à la grisette, elle écarta le petit mantelet noir qui lui cachait la figure, et l'on reconnut madame la duchesse du Maine.

IV.

L'HOMME PROPOSE.

— Votre Altesse ici! Votre Altesse chez moi! s'écria d'Harmental. Qu'ai-je donc fait pour mériter tant d'honneur?

— Le moment est venu, chevalier, dit la duchesse, où il faut que nous laissions voir aux gens que nous estimons le cas que nous faisons d'eux. D'ailleurs, il ne sera pas dit que les amis de madame du Maine s'exposeront pour elle et qu'elle ne s'exposera point avec eux. Dieu merci! je suis la petite-fille du grand Condé, et je sens que je n'ai dégénéré en rien de mon aïeul.

— Que Votre Altesse soit deux fois la bienvenue, dit Pompadour, car elle nous tire d'un grand embarras. Tout décidés que nous étions à obéir à ses ordres, nous hésitions cependant à l'idée de ce qu'une pareille réunion à l'Arsenal avait de dangereux au moment où la police a les yeux sur elle.

— Et je l'ai pensé comme vous, marquis. Aussi, au lieu de vous attendre, je me suis résolue à venir vous trouver. Le baron m'accompagnait. Je me suis fait conduire chez la comtesse de Chavigny, une amie de Delaunay qui demeure rue du Mail. Nous y avons fait apporter des habits, et comme nous n'étions qu'à deux pas d'ici, nous sommes venus à pied, et nous voilà. Ma foi, messire d'Argenson sera bien fin s'il nous a reconnus sous ce déguisement.

— Je vois avec plaisir, dit Malezieux, que Votre Altesse n'est point abattue par les événements qu'a amenés cette horrible journée.

— Abattue, moi, Malezieux ! J'espère que vous me connaissiez assez pour ne pas le craindre un seul instant. Abattue ! Ah ! au contraire. Jamais je ne me suis senti plus de force et plus de volonté ! Oh que ne suis-je un homme !

— Que Votre Altesse ordonne, dit d'Harmental, et tout ce qu'elle ferait, si elle pouvait agir elle-même, nous le ferons, nous, en son lieu et place.

— Non, non. Ce que je ferais, il est impossible que d'autres le fassent.

— Rien n'est impossible, Madame, à cinq hommes dévoués comme nous le sommes. D'ailleurs, notre intérêt même réclame une résolution prompte et énergique. Il ne faut pas croire que le régent s'arrêtera là. Après-demain, demain, ce soir peut-être, nous serons tous arrêtés. Dubois prétend que le papier qu'il a tiré du feu chez le prince de Cellamare n'est rien autre chose que la liste des conjurés. En ce cas, il saurait notre nom à tous. Nous avons donc, à cette heure, chacun une épée au-dessus de la tête. N'attendons pas que le fil auquel elle est suspendue se brise ; saisissons-la et frappons.

— Frappons, où, quoi, comment? demanda Brigaud. Ce misérable parlement a bouleversé tous nos projets. Avons-nous des mesures prises, un plan arrêté?

— Ah! le meilleur plan qui ait jamais été conçu, dit Pompadour, celui qui offrait le plus de chance de succès, c'était le premier; et la preuve, c'est que, sans une circonstance inouie qui est venue le renverser, il réussissait.

— Eh bien! si le plan était bon, il l'est encore, dit Valef. Revenons-y alors.

— Oui, mais en échouant, dit Malezieux, ce plan a mis le régent sur ses gardes.

— Au contraire, dit Pompadour, et il est d'autant meilleur, que l'on croira que grâce à son insuccès, il est abandonné.

— Et la preuve, dit Valef, c'est que le régent, sous ce rapport, prend moins de précautions que jamais. Ainsi, par exemple, depuis que mademoiselle de Chartres est abbesse de Chelles, une fois par semaine il va la voir et traverse seul et sans gardes, dans sa voiture, avec un cocher et deux laquais seulement, le bois de Vincennes ; et cela à huit ou neuf heures du soir.

— Et quel est le jour où il fait cette visite ? demanda Brigaud.

— Le mercredi, répondit Malezieux.

— Mercredi ? c'est demain, dit la duchesse.

— Brigaud, dit Valef, avez-vous toujours le passeport pour l'Espagne ?

— Toujours.

— Les mêmes facilités pour la route ?

— Les mêmes. Le maître de poste est à nous, et nous n'avons d'explication à avoir qu'avec lui. Quant aux autres, cela ira tout seul.

— Eh bien ! dit Valef, que Son Altesse Royale m'y autorise, je réunis demain sept ou huit amis, j'attends le régent dans le bois de Vincennes, je l'enlève, et fouette cocher! en trois jours je suis à Pampelune.

— Un instant, mon cher baron, dit d'Harmental, je vous ferai observer que vous allez sur mes brisées, et que c'est à moi que l'entreprise revient de droit.

— Vous, mon cher chevalier, vous avez fait ce que vous aviez à faire. Au tour des autres !

— Non point, s'il vous plaît, Valef. Il y va de mon honneur, car j'ai une revanche à prendre. Vous me désobligeriez donc infiniment en insistant sur ce sujet.

— Tout ce que je puis faire pour vous, mon cher d'Harmental, répondit Valef, c'est de laisser la chose au choix de Son Altesse. Elle sait qu'elle a en nous deux cœurs également dévoués. Qu'elle décide.

— Acceptez-vous mon arbitrage, chevalier? dit la duchesse.

— Oui, car j'espère en votre justice, Madame, dit le chevalier.

— Et vous avez raison. Oui, l'honneur de l'entreprise vous appartient ; oui, je remets entre vos mains le sort du fils de Louis XIV et de la petite-fille du grand Condé; oui, je m'en rapporte entièrement à votre dévoûment et à votre courage, et j'espère d'autant plus que vous réussirez cette fois-ci que la fortune vous doit un dédommagement. A vous donc, mon cher d'Harmental, tout le péril ; mais aussi à vous tout l'honneur!

— J'accepte l'un et l'autre avec reconnaissance, Madame, dit d'Harmental en baisant respectueusement la main que lui tendait la duchesse; et demain, à pareille heure, ou je serai mort ou le régent sera sur la route d'Espagne.

— A la bonne heure! dit Pompadour, voilà ce qui s'appelle parler, et si vous avez besoin de quelqu'un pour vous donner un coup de main, mon cher chevalier, comptez sur moi.

— Et sur moi, dit Valef.

— Et nous donc, dit Malezieux, ne sommes-nous bons à rien?

— Mon cher chancelier, dit la duchesse, à chacun son lot; aux poètes, aux gens d'église, aux magistrats, le conseil; aux gens d'épée, l'exécution. Chevalier, êtes-vous sûr de retrouver les mêmes hommes qui vous ont secondé la dernière fois?

— Je suis sûr de leur chef, du moins.

— Quand le verrez-vous?

— Ce soir.

— A quelle heure?

— Tout de suite, si Votre Altesse le désire.

— Le plus tôt sera le mieux.

— Dans un quart d'heure, je serai chez lui.

— Où pourrons-nous savoir son dernier mot?

— Je le porterai à Votre Altesse partout où elle sera.

— Pas à l'Arsenal, dit Brigaud, c'est trop dangereux.

— Ne pourrions-nous attendre ici? demanda la duchesse.

— Je ferai observer à Votre Altesse, répondit Brigaud, que mon pupille est un garçon fort rangé, recevant peu de monde, et qu'une visite plus prolongée pourrait éveiller les soupçons.

— Ne pourrions-nous fixer un rendez-vous

où nous n'ayons point pareille crainte? demanda Pompadour.

— Parfaitement, dit la duchesse ; au rond-point des Champs-Élysées, par exemple. Malezieux et moi, nous nous y rendons dans une voiture sans livrée et sans armoiries. Pompadour, Valef et Brigaud nous y joignent chacun de son côté. Là, nous attendons d'Harmental, et nous prenons nos dernières mesures.

— A merveille ! dit d'Harmental, mon homme demeure justement rue Saint-Honoré.

— Vous savez, chevalier, reprit la duchesse que vous pouvez promettre en argent tout ce que l'on voudra, et que nous nous chargeons de tenir.

— Je me charge de remplir le secrétaire, dit Brigaud.

— Et vous ferez bien, l'abbé, dit d'Harmental en souriant, car je sais qui se charge de le vider, moi.

— Ainsi, tout est convenu, reprit la duchesse. Dans une heure, au rond-point des Champs-Élysées.

— Dans une heure, dit d'Harmental.

— Dans une heure, répétèrent Pompadour, Brigaud et Malezieux.

Puis la duchesse, ayant rajusté son mantelet de manière à cacher son visage, reprit le bras de Valef et sortit la première. Malezieux la suivit à peu de distance et de façon à ne point la perdre de vue; enfin Brigaud, Pompadour et d'Harmental descendirent ensemble. A la place des Victoires, le marquis et l'abbé se séparèrent, l'abbé prenant par la rue Pagevin et le marquis par la rue de la Vrillière. Quant au chevalier, il continua sa route par la rue Neuve-des-Petits-Champs, qui le conduisit rue Saint-Honoré, à quelques pas de l'honorable maison où il savait trouver le digne capitaine.

Soit hasard, soit calcul de la part de la duchesse du Maine, qui avait apprécié d'Harmental et compris le fonds que l'on pouvait faire sur lui, le chevalier se trouvait donc rejeté plus avant que jamais dans la conjuration; mais son honneur était engagé, il avait cru devoir faire ce qu'il avait fait, et quoiqu'il prévît les conséquences terribles de l'événement dont il avait pris la responsabilité, il marchait à ce résultat comme il l'avait fait déjà, la tête et le cœur hauts, bien résolu à tout sacrifier, même sa vie, même son amour, à l'accomplissement de la parole qu'il avait donnée.

Il se présenta donc chez la Fillon avec la même tranquillité et la même résolution qu'il avait fait la première fois, quoique depuis ce temps bien des choses fussent changées dans sa vie ; et, comme la première fois, ayant été reçu par la maîtresse de la maison en personne, il s'informa d'elle si le capitaine Roquefinette était visible.

Sans doute la Fillon s'attendait à quelque interpellation moins morale que celle qui lui était faite, car, en reconnaissant d'Harmental, elle ne put réprimer un mouvement de surprise. Cependant, comme si elle eût douté encore de l'identité de celui qui lui parlait, elle s'informa si ce n'était point lui qui déjà, deux mois auparavant, était venu demander le capitaine. Le chevalier, qui vit dans cet antécédent un moyen d'aplanir les obstacles en supposant qu'il en existât, répondit affirmativement.

D'Harmental ne s'était point trompé, car à

peine édifiée sur ce point, la Fillon appela une
espèce de marton assez élégante, et lui ordonna de conduire le chevalier chambre n° 72,
au cinquième au-dessus de l'entresol. La pé-
ronnelle obéit, prit une bougie et monta la
première en minaudant comme une soubrette
de Marivaux. D'Harmental la suivit. Cette fois
aucun chant joyeux ne le guida dans son as-
cension ; tout était silencieux dans la maison.
Les graves événements de la journée avaient
sans doute éloigné de leur rendez-vous quoti-
dien les pratiques de la digne hôtesse du capitaine, et comme de son côté le chevalier en
ce moment avait sans doute l'esprit tourné aux
choses sérieuses, il monta les six étages sans
faire la moindre attention aux minauderies de
sa conductrice, qui, arrivée au n° 72, se retourna et lui demanda avec un gracieux sourire s'il ne s'était point trompé et si c'était

bien au capitaine qu'il avait affaire.

Pour toute réponse le chevalier frappa à la porte.

— Entrez, dit Roquefinette de sa plus belle voix de basse.

Le chevalier glissa un louis dans la main de sa conductrice pour la remercier de la peine qu'elle avait prise, ouvrit la porte et se trouva en face du capitaine.

Le même changement s'était opéré à l'intérieur qu'à l'extérieur ; Roquefinette n'était plus, comme la première fois, le rival de M. de Bonneval, entouré de ses odalisques, en face des débris d'un festin, fumant sa longue pipe et comparant philosophiquement les biens de ce monde à la fumée qui s'en échappait. Il était seul, dans une petite mansarde sombre, éclairée par une chandelle qui, tirant à sa fin, commençait à faire plus de fumée que de flamme, et dont les tremblantes lueurs donnaient quelque chose d'étrangement fantastique à l'âpre physionomie du brave capitaine, qui se tenait debout appuyé contre la cheminée. Au fond, sur un lit de sangle, en face d'une fenêtre dont le rideau flottant au vent du soir accusait les solutions de continuité, était posé le feutre indicateur, et était couchée son épée, l'illustre colichemarde.

— Ah! ah! dit Roquefinette d'un ton dans lequel perçait une légère teinte d'ironie; c'est vous, chevalier? je vous attendais.

— Vous m'attendiez, capitaine? Et qui pouvait vous faire croire à la probabilité de ma visite?

— Les événements, chevalier, les événements.

— Que voulez-vous dire?

— Je veux dire qu'on a cru pouvoir faire une guerre ouverte, et que par conséquent on a mis ce pauvre capitaine Roquefinette au rancart, comme un condottière, comme un miquelet qui n'est bon que pour un coup de main nocturne, à l'angle d'une rue ou au coin d'un bois; on a voulu refaire sa petite Ligue, recommencer sa petite Fronde, et voilà que l'ami Dubois a tout su, que les pairs sur lesquels on croyait pouvoir compter nous ont lâché d'un cran, et que le parlement a dit *Oui* au lieu de dire *Non*. Alors, on revient au capitaine. « Mon cher capitaine par-ci, mon bon capitaine par-là ! » N'est-ce point exactement la chose comme elle se passe, chevalier ? Eh bien ! eh bien ! le voilà, le capitaine; que lui veut-on ? parlez.

— Effectivement, mon cher capitaine, dit d'Harmental ne sachant trop de quelle façon il devait prendre le discours de Roquefinette, il y a quelque chose de vrai dans ce que vous dites-là. Seulement vous êtes dans l'erreur lorsque vous croyez que je vous avais oublié. Si notre plan eût réussi, vous auriez eu la preuve que j'ai la mémoire plus longue que les événements, et je serais venu alors pour vous offrir mon crédit, comme je viens aujourd'hui réclamer votre assistance.

— Hum! fit le capitaine en secouant la tête, depuis trois jours que j'habite ce nouvel appartement, j'ai fait bien des réflexions sur la vanité des choses humaines, et l'envie m'a pris plus d'une fois de me retirer définitivement des affaires, ou, si j'en faisais encore une, de la faire assez brillante pour m'assurer un petit avenir.

— Eh bien! justement, dit le chevalier, celle que je vous propose est votre fait; il s'agit, mon cher capitaine, car après ce qui s'est passé entre nous, nous pouvons parler sans préambule, ce me semble, il s'agit...

— De quoi? demanda le capitaine, qui voyant d'Harmental s'arrêter et regarder avec inquiétude autour de lui, avait attendu inutilement pendant deux ou trois secondes la fin de sa phrase.

— Pardon, capitaine, mais il m'a semblé...

— Que vous a-t-il semblé, chevalier?

— Entendre des pas... puis une espèce de craquement dans la boiserie...

— Ah! ah! dit le capitaine, il n'y a pas mal de rats dans l'établissement, je vous en préviens; et pas plus tard que la nuit dernière, ces drôles-là sont venus grignotter mes hardes comme vous pouvez le voir.

Et le capitaine montra au chevalier le pan de son habit festonné en dents de loup.

— Oui, ce sera cela, et je me serai trompé, dit d'Harmental, il s'agit donc, mon cher Roquefinette, de profiter de ce que le régent en revenant sans gardes de Chelles, où sa fille est religieuse, traverse le bois de Vincennes, pour l'enlever en passant, et lui faire prendre définitivement la route d'Espagne.

— Pardon, mais avant d'aller plus loin, chevalier, reprit Roquefinette, je vous préviens que c'est un nouveau traité à faire, et que tout nouveau traité implique conditions nouvelles.

— Nous n'aurons point de discussion là-dessus, capitaine. Les conditions, vous les ferez vous-même. Seulement pouvez-vous toujours disposer de vos hommes? Voilà l'important.

— Je le puis.

— Seront-ils prêts demain, à deux heures?

— Ils le seront.

— C'est tout ce qu'il faut.

— Pardon, il faut encore quelque chose : il faut encore de l'argent pour acheter un cheval et des armes.

— Il y a cent louis dans cette bourse, prenez-la.

— C'est bien, on vous en rendra bon compte.

— Ainsi, chez moi, à trois heures.

— C'est dit.

— Adieu, capitaine.

— Au revoir, chevalier. Donc, il est convenu que vous ne vous étonnerez pas si je suis un peu exigeant.

— Je vous le permets ; vous savez que la dernière fois je ne me suis plaint que d'une chose : c'est que vous étiez trop modeste.

— Allons, dit le capitaine, vous êtes de bonne composition. Attendez que je vous éclaire; il serait fâcheux qu'un brave garçon comme vous se rompît le cou.

Et le capitaine prit la chandelle qui, parvenue au papier qui l'affermissait dans la bobèche, jetait alors, grâce à ce nouvel aliment, une splendide lumière à l'aide de laquelle d'Harmental descendit l'escalier sans accident. Arrivé sur la dernière marche, il renouvela au capitaine la recommandation d'être exact, ce que le capitaine promit du ton le plus affirmatif.

D'Harmental n'avait point oublié que madame la duchesse du Maine attendait avec anxiété le résultat de l'entrevue qu'il venait d'avoir; il ne s'inquiéta donc point de ce qu'était devenue la Fillon, qu'il chercha vainement de l'œil en sortant, et, gagnant la rue des Feuillants, il s'achemina vers les Champs-Élysées, qui, sans être tout-à-fait déserts, commençaient déjà cependant à se dépeupler. Arrivé au rond-point, il aperçut une voiture qui stationnait sur le revers de la route, tandis que deux hommes se promenaient à quelque distance dans la contre-allée; il s'approcha d'elle; une femme, en l'apercevant, sortit avec impatience sa tête par la portière. Le chevalier reconnut madame du Maine; elle avait avec elle Malezieux et Valef. Quant aux deux promeneurs qui, en voyant d'Harmental s'avancer vers la voiture, s'empressèrent de leur côté d'accourir, il est inutile de dire que c'étaient Pompadour et Brigaud.

Le chevalier, sans leur nommer Roquefinette, ni sans s'étendre aucunement sur le caractère de l'illustre capitaine, leur raconta en peu de mots ce qui s'était passé. Ce récit fut accueilli par une exclamation générale de joie. La duchesse donna sa petite main à baiser à d'Harmental ; les hommes serrèrent la sienne.

Il fut convenu que le lendemain à deux heures, la duchesse, Pompadour, Laval, Valef, Malezieux et Brigaud se rendraient chez la mère de d'Avranches, qui demeurait faubourg Saint-Antoine, n° 15, et qu'ils y attendraient le résultat de l'événement. Ce résultat devait leur être annoncé par d'Avranches lui-même, qui, à partir de trois heures, se tiendrait à la barrière du Trône avec deux chevaux, l'un pour lui, l'autre pour le chevalier. Il suivrait de loin d'Harmental, et reviendrait annoncer ce qui s'était passé. Cinq autres chevaux sellés et bridés seraient tout prêts dans les écuries de la maison du faubourg Saint-Antoine, afin que les conjurés pussent fuir sans retard en cas de non réussite du chevalier.

Ces différents points arrêtés, la duchesse

força le chevalier de monter auprès d'elle. La duchesse voulait le ramener chez lui, mais il lui fit observer que l'apparition d'une voiture à la porte de madame Denis produirait dans le quartier une trop grande sensation, et que, dans les circonstances présentes, cette sensation, toute flatteuse qu'elle serait pour lui, pourrait devenir dangereuse pour tous. En conséquence, la duchesse jeta d'Harmental place des Victoires, après lui avoir exprimé vingt fois toute la reconnaissance qu'elle éprouvait pour son dévoûment,

Il était dix heures du soir. D'Harmental avait à peine vu Bathilde dans la journée; il voulait la revoir encore. Il était bien sûr de retrouver la jeune fille à sa fenêtre, mais cela n'était point suffisant; ce qu'il avait à lui dire en pareille circonstance était trop sérieux et trop intime pour le jeter ainsi d'un côté à l'autre d'une rue. Il rêvait donc aux moyens, si avancée que fût l'heure, de se présenter chez Bathilde, lorsqu'en faisant quelques pas dans la rue, il crut voir une femme sur le seuil de la porte de l'allée qui conduisait chez elle. Il s'avança et reconnut Nanette.

Elle était là par l'ordre de Bathilde. La pauvre enfant était dans une inquiétude mortelle. Buvat n'avait point reparu. Toute la soirée elle était restée à sa fenêtre pour voir rentrer d'Harmental, et d'Harmental n'était point rentré. Par suite de ces idées vagues qui avaient pris naissance dans son esprit pendant la nuit où le chevalier avait tenté pour la première fois d'enlever le régent, il lui semblait qu'il y avait quelque chose de commun entre cette disparition étrange de Buvat et l'assombrissement qu'elle avait remarqué la veille sur la figure de d'Harmental. Nanette attendait donc à la porte, et Buvat et le chevalier. Le chevalier était de retour, Nanette resta pour attendre Buvat, et d'Harmental monta près de Bathilde.

Bathilde avait entendu et reconnu son pas; elle était donc à la porte quand le jeune homme y arriva. Au premier coup-d'œil elle reconnut sur son visage cette expression pensive qu'elle lui avait déjà vue pendant la journée qui avait précédé cette nuit où elle avait tant souffert.

— Oh! mon Dieu, mon Dieu! s'écria-t-elle en entraînant le jeune homme dans sa chambre, et en refermant la porte derrière lui. Oh! mon Dieu, Raoul, vous serait-il arrivé quelque chose?

— Bathilde, dit d'Harmental avec un sourire triste, mais enveloppant la jeune fille d'un regard plein de confiance, Bathilde, vous m'avez souvent dit qu'il y avait en moi quelque chose d'inconnu et de mystérieux qui vous effrayait.

— Oh! oui, oui, s'écria Bathilde, et c'est le seul tourment de ma vie, c'est la seule crainte de mon avenir.

— Et vous avez raison; car avant de vous connaître, Bathilde, avant de vous avoir vue, j'ai fait abandon d'une part de ma volonté, d'une portion de mon libre arbitre. Cette portion de moi-même ne m'appartient plus; elle subit une loi suprême, elle obéit à des événements imprévus. C'est un point noir dans un beau ciel. Selon le côté dont le vent soufflera, il peut disparaître comme une vapeur, il peut grossir comme un orage. La main qui tient et qui guide la mienne peut me conduire à la plus haute faveur, peut me mener à la plus profonde disgrâce. Bathilde, dites-moi, êtes-vous disposée à partager la bonne comme la mauvaise fortune, le calme comme la tempête?

— Tout avec vous, Raoul, tout, tout!

— Songez à l'engagement que vous prenez, Bathilde. Peut-être est-ce une vie heureuse et brillante que celle qui nous est réservée; peut-être est-ce l'exil, peut-être est-ce la captivité, peut-être... peut-être serez-vous veuve avant d'être femme.

Bathilde devint si pâle et si chancelante, que Raoul crut qu'elle allait s'évanouir et tomber, et qu'il étendit les bras pour la retenir; mais Bathilde était pleine de force et de volonté; elle reprit donc sa puissance sur elle-même, et tendant la main à d'Harmental:

— Raoul, lui dit-elle, ne vous ai-je pas dit que je vous aimais, que je n'avais jamais aimé, que je n'aimerais jamais que vous? Il me semblait que toutes les promesses que vous demandez de moi étaient renfermées dans ces mots. Vous en voulez de nouvelles, je vous les fais; mais elles étaient inutiles. Votre vie sera ma vie, Raoul ; votre mort sera ma mort. L'une et l'autre sont entre les mains de Dieu. La volonté de Dieu soit faite sur la terre comme au ciel !

— Et moi, Bathilde, dit d'Harmental en conduisant la jeune fille devant le Christ qui était au pied de son lit, et moi, je jure en face de ce Christ, qu'à compter de ce moment vous êtes ma femme devant Dieu et devant les hommes, et que, puisque les événements qui disposeront peut-être de ma vie ne m'ont laissé à vous offrir que mon amour, cet amour est à vous, profond, inaltérable, éternel. Bathilde, un premier baiser à ton époux.

Et en face du Christ, les deux jeunes gens tombèrent dans les bras l'un de l'autre, et échangèrent leur premier baiser dans un dernier serment.

Quand d'Harmental quitta Bathilde, Buvat n'était pas encore rentré.

V.

DAVID ET GOLIATH.

Vers les huit heures du matin, l'abbé Brigaud entra chez d'Harmental ; il lui apportait une vingtaine de mille livres, partie en or, partie en papiers sur l'Espagne. La duchesse avait passé la nuit chez la comtesse de Chavigny, rue du Mail. Rien n'était changé aux conventions de la veille et elle comptait sur le chevalier, qu'elle continuait de regarder comme son sauveur. Qnant au régent, on s'était assuré que, selon son habitude, il devait se rendre à Chelles dans la journée.

A dix heures, Brigaud et d'Harmental descendirent ; Brigaud pour rejoindre Pompadour et Valef avec lesquels il avait rendez-vous sur le boulevard du Temple, et d'Harmental pour aller chez Bathilde.

L'inquiétude était à son comble dans le pauvre petit ménage. Buvat était toujours absent, et il était facile de voir aux yeux de Bathilde qu'elle avait peu dormi et beaucoup pleuré. De son côté, au premier regard qu'elle jeta sur d'Harmental, elle comprit que quelque expédition pareille à celle qui l'avait tant effrayée se préparait. D'Harmental avait ce même costume sombre qu'elle ne lui avait vu qu'une seule fois, le soir où, en rentrant, il avait jeté son manteau sur une chaise, et était apparu à ses yeux avec des pistolets à sa ceinture ; de plus, ses longues bottes collantes, armées d'éperons, indiquaient que, dans la journée, il comptait monter à cheval. Tous ces indices eussent été insignifiants en temps ordinaires ; mais après la scène de la veille, après les fiançailles nocturnes et solitaires que nous avons racontées, ils prenaient une grande importance et acquéraient une suprême gravité.

Bathilde essaya d'abord de faire parler le chevalier, mais d'Harmental lui ayant dit que le secret qu'elle lui demandait n'était point à lui, et l'ayant priée de parler d'autre chose, la pauvre enfant n'osa point insister davantage. Une heure environ après l'arrivée de d'Harmental, Nanette ouvrit la porte et parut avec une figure consternée. Elle venait de la Bibliothèque. Buvat n'y avait point reparu, et personne n'avait pu lui en donner de nouvelles. Bathilde ne put se contenir plus longtemps; elle se jeta dans les bras de Raoul et fondit en larmes.

Raoul alors lui avoua ses craintes : les papiers que le prétendu prince de Listhnay avait donnés à copier à Buvat étaient des papiers d'une assez grande importance politique. Buvait avait pu être compromis et arrêté. Mais Buvat n'avait rien à redouter : le rôle tout passif qu'il avait joué dans cette affaire éloignait de lui toute crainte de danger. Comme Bathilde, dans son incertitude, avait rêvé un malheur plus grand encore que celui-là, elle s'attacha avidement à cette idée qui lui laissait du moins quelque espérance. Puis la pauvre enfant ne s'avouait pas elle-même que la plus grande part de son inquiétude n'était peut-être point pour Buvat, et que les pleurs qu'elle venait de verser n'étaient point toutes pour l'absent.

Quand d'Harmental était près de Bathilde le temps ne marchait plus, il volait. Il croyait donc être monté chez la jeune fille depuis quelques minutes à peine, lorsqu'une heure et demie sonna. Raoul se rappela qu'à deux heures Roquefinette devait être chez lui pour arrêter les nouvelles bases de son nouveau traité. Il se leva. Bathilde pâlit ; d'Harmental comprit tout ce qui se passait en elle et lui promit de venir après le départ de la personne qu'il attendait, et pour laquelle il était forcé de la quitter. Cette promesse tranquillisa quelque peu la pauvre enfant qui essaya de sourire en voyant quelle impression profonde sa tristresse faisait sur Raoul. Au reste les sermens de la veille avaient été renouvelés vingt fois, et vingt fois les jeunes gens s'étaient juré d'être l'un à l'autre. Ils se quittaient donc tristes, mais confiants en eux-mêmes et sûrs de leurs cœurs. D'ailleurs, comme nous l'avons dit, ils croyaient ne se quitter que pour une heure.

Le chevalier était depuis quelques instants à peine à sa fenêtre, lorsqu'il vit paraître au coin de la rue Montmartre le capitaine Roquefinette. Il était monté sur un cheval gris pommelé, évidemment choisi par un connaisseur, et propre à la fois à la course et à la fatigue. Il s'avançait au pas, comme un homme à qui il est également indifférent qu'on le regarde ou qu'on le laisse passer inaperçu. Seulement, à cause sans doute des mouvements du cheval, son chapeau avait pris une inclinaison moyenne qui n'eût rien laissé soupçonner, même à ses plus intimes, sur la situation secrète de ses finances.

Arrivé à la porte, Roquefinette descendit en trois temps, avec la même précision qu'il eût mise à accomplir ce mouvement dans un manège. Il attacha son cheval au volet de la maison, s'assura que les fontes étaient garnies de leurs pistolets et disparut dans l'allée. Un instant après, d'Harmental l'entendit monter d'un pas égal, puis enfin la porte s'ouvrit et le capitaine parut.

Comme la veille, sa figure était grave et pensive. Ses yeux fixes et ses lèvres serrées indiquaient une résolution arrêtée, et d'Harmental l'accueillit avec un sourire, sans que ce sourire eût le pouvoir de rien éveiller de correspondant sur sa physionomie.

— Allons, mon très cher capitaine, dit d'Harmental en résumant d'un coup-d'œil rapide ces différents signes qui, chez un homme comme Roquefinette, ne laissaient pas de lui inspirer quelque inquiétude, je vois que vous êtes toujours l'exactitude en personne.

— C'est une habitude militaire, chevalier ; et cela n'a rien d'étonnant chez un vieux soldat.

— Aussi n'avais-je point douté de vous ; mais vous pouviez ne pas rencontrer vos hommes.

— Je vous avais dit que je savais où les trouver.

— Et ils sont à leur poste ?

— Ils y sont.

— Où cela ?

— Au marché aux chevaux de la Porte-Saint-Martin.

— Et n'avez-vous pas peur qu'on les remarque ?

— Comment voulez-vous qu'au milieu de

trois cents paysans qui vendent ou qui marchandent des chevaux, on reconnaisse douze ou quinze hommes vêtus comme les autres en paysans? C'est, comme on dit, une aiguille dans une botte de foin, et il n'y a que moi qui puisse retrouver l'aiguille.

— Mais comment ces hommes peuvent-ils vous accompagner, capitaine?

— C'est la chose du monde la plus simple. Chacun d'eux a marchandé le cheval qui lui convient; chacun d'eux en a offert un prix auquel le vendeur a répondu par un autre. J'arrive, je donne à chacun vingt-cinq ou trente louis; chacun paie son cheval, le fait seller, monte dessus, glisse dans ses fontes les pistolets qu'il a à sa ceinture, tire par un bout différent, et à cinq heures se trouve au bois de Vincennes, à un endroit donné. Là seulement je lui explique pour quelle cause il est convoqué; je fais une nouvelle distribution d'argent, je me mets à la tête de mon escadron et nous faisons le coup, en supposant que nous tombions d'accord sur les conditions.

— Eh bien! ces conditions, capitaine! dit d'Harmental, nous allons les discuter comme deux braves compagnons, et je crois avoir pris d'avance toutes mes mesures pour que vous soyez content de celles que je puis vous offrir.

— Voyons-les, dit Roquefinette en s'asseyant devant la table, en y appuyant ses coudes, en posant son menton sur ses deux poings, et en regardant d'Harmental qui était debout devant lui, le dos tourné à la cheminée.

— D'abord, je double la somme que vous avez touchée la dernière fois, dit le chevalier.

— Ah! dit Roquefinette, je ne tiens pas à l'argent.

— Comment! vous ne tenez pas à l'argent, capitaine?

— Non, pas le moins du monde.

— Et à quoi tenez-vous donc, alors?

— A une position.

— Que voulez-vous dire?

— Je veux dire, chevalier, que tous les jours je me fais plus vieux de vingt-quatre heures, et qu'avec l'âge la philosophie arrive.

— Eh bien! capitaine, dit d'Harmental, commençant à s'inquiéter sérieusement de toutes les circonlocutions de Roquefinette, voyons, parlez; qu'ambitionne votre philosophie?

— Je vous l'ai dit, chevalier, une position convenable, un grade qui soit en harmonie avec mes longs services ; pas en France, vous comprenez. En France, j'ai trop d'ennemis, à commencer par M. le lieutenant de police; mais en Espagne, par exemple, tenez; ah! en Espagne, cela m'irait bien ; un beau pays, de belles femmes, des doublons à remuer à la pelle! Décidément, je veux un grade en Espagne.

— La chose est possible, et c'est selon le grade que vous désirez.

— Dame! vous savez, chevalier, lorsqu'on désire, autant désirer quelque chose qui en vaille la peine.

— Vous m'inquiétez, Monsieur, dit d'Harmental, car je n'ai pas les sceaux du roi Philippe V pour signer les brevets en son nom ; mais n'importe, dites toujours.

— Eh bien ! dit Roquefinette, je vois tant de blancs-becs à la tête de régiments, qu'à moi aussi il m'a passé par la tête d'être colonel.

— Colonel! impossible! s'écria d'Harmental.

— Et pourquoi donc cela? demanda Roquefinette.

— Parce que, si l'on vous fait colonel, vous qui n'avez qu'une position secondaire dans l'affaire, que voulez-vous que je demande, moi, par exemple, qui suis à la tête ?

— Eh bien ! voilà justement la chose ; c'est que je voudrais que nous intervertissions momentanément les positions. Vous vous rappelez ce que je vous ai dit certain soir dans la rue de Valois?

— Aidez mes souvenirs, capitaine, j'ai le malheur de n'avoir pas de mémoire.

— Je vous ai dit que, si j'avais une affaire comme celle là à mon compte, les choses raient mieux qu'elles n'avaient été. J'ai ajouté que je vous en reparlerais, et je vous en reparle.

— Que diable me dites-vous donc là, capitaine ?

— Mais rien que de bien simple, chevalier. Nous avons fait ensemble et de compte à demi une première tentative qui a échoué. Alors vous avez changé de batteries : vous avez cru pouvoir vous passer de moi, et vous avez échoué encore. La première fois, vous aviez échoué nuitamment et sans bruit ; nous avons tiré chacun de notre côté, et il n'a plus été question de rien. La seconde fois, au contraire, vous avez échoué en plein jour et avec un éclat qui vous a compromis tous ; si bien que, si vous ne vous tirez pas de là par un coup de Jarnac, vous êtes tous perdus, attendu que l'ami Dubois sait vos noms, et que demain, ce soir peut-être, vous serez tous arrêtés, chevaliers, barons, ducs et princes. Or, il y a au monde, un homme, un seul homme, qui peut vous tirer tous d'embarras; cet homme, c'est ce bon capitaine Roquefinette. Et voilà que vous lui offrez la même place qu'il occupait dans la première affaire ! Allons donc ! Voilà que vous marchandez avec lui ! Fi, chevalier ! Que diable ! vous comprenez : les prétentions s'accroissent en raison des services qu'on peut rendre. Or, me voilà devenu un personnage fort important, moi. Traitez-moi en conséquence, ou je mets mes mains dans les poches et je laisse faire Dubois.

D'Harmental se mordit les lèvres jusqu'au sang, mais il comprit qu'il avait affaire à un vieux condottière, habitué à vendre ses services le plus cher possible, et comme ce que ce capitaine venait d'exposer du besoin qu'on avait de lui était littéralement vrai, il comprima son impatience et fit taire son orgueil.

— Ainsi donc, reprit d'Harmental, vous voulez être colonel?

— C'est mon idée, dit Roquefinette.

— Mais supposez que je vous fasse cette promesse, qui peut répondre que j'aurai l'influence de la faire ratifier ?

— Aussi, chevalier, je compte bien manipuler mes petites affaires moi-même.

— Où cela ?

— A Madrid donc.

— Qui vous dit que je vous y mène?

— Je ne sais pas si vous m'y menez, mais je sais que j'y vais.

— Vous à Madrid? et qu'allez-vous y faire?

— Conduire le régent.

— Vous êtes fou !

— Allons, allons, chevalier, pas de gros mots! Vous me demandez mes conditions, je vous les dis; elles ne vous conviennent pas, bon soir! Nous n'en serons pas plus mauvais amis pour cela.

Et Roquefinette se leva, prit son chapeau qu'il avait posé sur la commode, et fit un pas vers la porte.

— Comment! vous vous en allez? dit d'Harmental.

— Sans doute, je m'en vas.

— Mais vous oubliez, capitaine...

— Ah! c'est juste, répondit Roquefinette, faisant semblant de se tromper à l'intention de d'Harmental, c'est juste; vous m'avez donné cent louis et je dois vous rendre mes comptes. Il tira la bourse de sa poche. Un cheval gris-pommelé de l'âge de quatre à cinq ans, trente louis; une paire de pistolets à deux coups, dix louis, une selle, une bride, etc., etc., deux louis; total, quarante-deux louis. Il y en a cinquante-huit dans cette bourse; le cheval, les pistolets, la selle et la bride sont à vous. Comptez, nous sommes quittes. Et il jeta la bourse sur la table.

— Mais ce n'est pas cela que je vous dis, capitaine.

— Et que me dites-vous donc?

— Je dis qu'il est impossible qu'on vous confie, à vous, une mission de cette importance.

— Ce sera cependant ainsi, ou cela ne sera pas. Je conduirai le régent à Madrid; je le conduirai seul, ou le régent restera au Palais-Royal.

— Et vous vous croyez assez bon gentilhomme, dit d'Harmental, pour arracher des mains de Philippe d'Orléans l'épée qui a renversé les murailles de Lérida la Pucelle, et qui a reposé près du sceptre de Louis XIV sur le coussin de velours à glands d'or !

— Je me suis laissé dire en Italie, répondit Roquefinette, qu'à la bataille de Pavie François Ier avait rendu la sienne à un boucher.

Et le capitaine fit un nouveau pas vers la porte en enfonçant son chapeau sur sa tête.

— Voyons, capitaine, dit d'Harmental d'un ton plus conciliateur, trêve d'arguties et de citations ; partageons le différend par la moitié : je conduirai le régent en Espagne, et vous viendrez avec moi.

— Oui, n'est-ce pas, pour que le pauvre capitaine se perde dans la poussière que fera le beau chevalier ? pour que le brillant colonel efface le vieux miquelet ? Impossible, chevalier, impossible ! J'aurai la conduite de l'affaire ou je ne m'en mêlerai point.

— Mais c'est une trahison ! s'écria d'Harmental.

— Une trahison, chevalier? Et où avez-vous vu, s'il vous plaît, que le capitaine Roquefinette était un traître? Où sont les conventions faites que je n'ai pas tenues ! où sont les secrets que j'ai divulgués? Moi, un traître! mille dieux ! chevalier ! Pas plus tard qu'avant-hier, on m'a offert gros comme moi d'or pour être un traître, et j'ai refusé. Non, non. Vous êtes venu me demander hier de vous seconder une deuxième fois ; je vous ai dit que je ne demandais pas mieux, mais à de nouvelles conditions. Eh bien ! ces conditions, ce sont celles que je viens de vous dire ; c'est à prendre ou à laisser. Où voyez-vous une trahison dans tout cela?

— Et quand je serais assez lâche pour les accepter, ces conditions, Monsieur, croyez-vous que la confiance que le chevalier d'Harmental inspire à S. A. R. la duchesse du Maine se reporterait sur le capitaine Roquefinette?

— Que diable la duchesse du Maine a-t-elle à voir dans tout ceci? Vous vous êtes chargé d'une affaire, il y a des empêchements matériels à ce que vous l'accomplissiez par vous-même; vous me passez procuration, voilà tout.

— C'est-à-dire, n'est-ce pas, reprit d'Harmental en secouant la tête, que vous voulez être le maître de lâcher le régent, si le régent vous offre pour le laisser en France le double de ce que je vous donne, moi, pour le conduire en Espagne?

— Peut-être, dit Roquefinette d'un ton goguenard.

— Tenez, capitaine, dit d'Harmental en

faisant un nouvel effort sur lui-même pour conserver son sang-froid et en essayant de renouer les négociations : tenez, je vous donne vingt mille livres comptant.

— Chanson ! reprit Roquefinette.

— Je vous emmène avec moi en Espagne.

— Tarare ! dit le capitaine.

— Et je m'engage sur l'honneur de vous faire obtenir un régiment.

— Roquefinette se mit à sifflotter un petit air.

— Prenez garde ! dit d'Harmental ; il y a plus de danger pour vous maintenant, au point où nous en sommes et avec les secrets terribles que vous connaissez, à refuser qu'à accepter !

— Et que m'arrivera-t-il donc si je refuse ? demanda Roquefinette.

— Il arrivera, capitaine, que vous ne sortirez pas de cette chambre.

— Et qui m'en empêchera? dit le capitaine.

— Moi! s'écria d'Harmental en s'élançant devant la porte un pistolet de chaque main.

— Vous! dit Roquefinette en faisant un pas vers le chevalier, en croisant les bras et en le regardant fixement.

— Un pas encore, capitaine, reprit le chevalier, et je vous donne ma parole d'honneur que je vous brûle la cervelle!

— Vous me brûlerez la cervelle, vous? Il faudrait d'abord pour cela que vous ne tremblassiez pas comme une vielle femme. Savez-vous ce que vous allez faire? vous allez me manquer, le bruit du coup attirera les voisins, ils appelleront la garde, on me demandera pourquoi vous avez tiré sur moi, et il faudra bien que je le dise.

— Oui, vous avez raison, capitaine, s'écria le chevalier, en désarmant les pistolets et en les passant à sa ceinture, et je vous tuerai plus honorablement que vous ne le méritez. Flamberge au vent, Monsieur, flamberge au vent !

Et d'Harmental appuyant son pied gauche contre la porte, tira son épée et se mit en garde...

C'était une épée de cour, un mince filet d'acier, monté dans une garde d'or. Roquefinette se mit à rire.

— Et avec quoi me défendrai-je? dit-il en regardant autour de lui ? N'avez-vous pas ici par hasard les aiguilles à tricotter de votre maîtresse, chevalier?

— Défendez-vous avec l'épée que vous portez au côté, Monsieur! répondit d'Harmental. Si longue qu'elle soit, vous voyez que je me suis posé de façon à ne pas faire un pas pour m'en éloigner.

— Que penses-tu de cela, Colichemarde, dit le capitaine s'adressant d'un ton goguenard à l'illustre lame qui avait gardé le nom que lui avait donné Ravanne.

— Elle pense que vous êtes un lâche, capitaine, s'écria d'Harmental, puisqu'il faut vous couper la figure pour vous faire battre.

Alors d'un mouvement rapide comme l'éclair, d'Harmental sangla le visage du capitaine avec son carrelet, lui laissant sur la joue une trace bleuâtre pareille à la marque d'un coup de fouet.

Roquefinette poussa un cri qu'on eût pu prendre pour le rugissement d'un lion; puis faisant un bond en arrière, il retomba en garde et l'épée à la main.

Alors commença entre ces deux hommes un duel terrible, acharné, silencieux, car tous deux s'étaient vus à l'œuvre, et chacun savait à qui il avait affaire. Par une réaction facile à comprendre, c'était maintenant d'Harmental qui avait retrouvé son calme; c'était Roquefinette qui avait le sang au visage. A tout moment il menaçait d'Harmental de sa longue épée ; mais le frêle carrelet la suivait ainsi que le fer suit l'aimant, se tortillant en sifflant autour d'elle comme une vipère. Au bout de cinq minutes le chevalier n'avait pas encore porté une seule botte, mais il les avait parées toutes. Enfin sur un dégagement plus rapide encore que les autres, il arriva trop tard à la parade et sentit la pointe du fer qui lui effleurait la poitrine. En même temps une tache rouge s'étale de sa chemise à son jabot de dentelle. D'Harmental la voit, bondit et s'engage de si près avec Roquefinette que les deux gardes se touchent. Le capitaine comprend aussitôt le désavantage que, dans une position pareille, lui donne sa longue épée. Un coupé sur les armes et il est perdu. Il fait aussitôt un saut en arrière ; mais son talon gauche glisse sur le carreau nouvellement ciré et la main dont il tient son épée se lève malgré lui. Par un mouvement naturel d'Harmental en profite, se fend à fond et crève la poitrine du capitaine, où le fer de son épée disparaît jusqu'à la garde. D'Harmental fait à son tour un saut dans les armes pour éviter la riposte, mais la précaution est inutile ; le capitaine reste un instant immobile à sa place, ouvre de grands yeux hagards, laisse échapper son épée, et, appuyant ses deux mains sur sa blessure qui le brûle, il tombe de toute sa hauteur sur le carreau.

— Diable de carrelet! murmura-t-il. Et il expira à l'instant même : le mince filet d'acier avait traversé le cœur du géant.

Cependant d'Harmental était resté en garde et les yeux fixés sur le capitaine, abaissant seulement son épée à mesure que la mort s'emparait de lui. Enfin il se trouva en face d'un cadavre; mais ce cadavre avait les yeux ouverts et continuait de le regarder. Appuyé contre la porte, le chevalier, à ce spectacle, demeure un instant épouvanté. Ses cheveux se hérissent, il sent la sueur qui pointe à son front, il n'ose risquer un mouvement, il n'ose faire un geste, sa victoire lui semble un rêve. Tout à coup, dans une dernière convulsion, la bouche du moribond se crispe avec ironie : le partisan est mort en emportant son secret.

Comment reconnaître au milieu des trois cents paysans qui sont au Marché-aux-

aux-Chevaux les douze ou quinze faux sauniers qui doivent enlever le régent ?

D'Harmental pousse un cri sourd ; il voudrait aux prix de dix ans de son existence, rendre dix minutes de vie au capitaine. Il prend le cadavre dans ses bras, le soulève, l'appelle, tressaille en voyant ses mains rougies, et laisser retomber le cadavre dans une mare de sang qui, suivant l'inclinaison du plancher, s'écoule par une rigole, court en grossissant vers la porte et commence à glisser sous le seuil.

En ce moment le cheval attaché au volet s'impatiente et hennit.

D'Harmental fait trois pas vers la porte, mais tout à coup il pense que Roquefinette a peut-être sur lui quelque papier, quelque billet qui pourra le guider. Malgré sa répugnance pour le cadavre du capitaine il s'en rapproche, visite les unes après les autres les poches de son habit et de sa veste; mais les seuls papiers qu'il y trouve sont trois ou quatre vieilles cartes de restaurateur, et une lettre d'amour de la Normande.

Alors, comme il n'a plus rien à faire dans cette chambre, il va au secrétaire, bourre ses poches d'or et de lettres de change, tire la porte après lui, descend rapidement l'escalier, saute sur le cheval impatient, s'élance au galop vers la rue du Gros-Chenet, et disparaît en tournant l'angle le plus rapproché du boulevard.

VI.

LE SAUVEUR DE LA FRANCE.

Pendant que cette terrible catastrophe s'accomplissait dans la mansarde de madame Denis, Bathilde, inquiète de voir la fenêtre de son voisin si longtemps fermée, avait ouvert la sienne, et la première chose qu'elle avait aperçue était le cheval gris pommelé attaché au volet. Or, comme elle n'avait pas vu entrer le capitaine chez d'Harmental, elle pensa que cette monture était pour Raoul; et cette vue lui rappela aussitôt ses terreurs passées et présentes.

Bathilde resta donc à la fenêtre, regardant de tous côtés et cherchant à lire dans la physionomie de chaque individu qui passait si cet individu était acteur dans le drame mystérieux qui se préparait et où elle devinait instinctivement que d'Harmental jouait le premier rôle. Elle était donc, le cœur palpitant, le cou tendu et les yeux errans de ça et de là, lorsque tout-à-coup ses regards inquiets se fixèrent sur un point. Au même moment la jeune fille poussa un cri de joie : elle venait de voir déboucher Buvat à l'angle de la rue Montmartre. En effet, c'était le digne calligraphe en personne qui, tout en regardant de temps en temps derrière lui comme s'il craignait d'être poursuivi, s'avançait, la canne horizontale, d'un pas aussi rapide que le lui permettaient ses petites jambes.

Pendant qu'il disparaît sous l'allée et s'engage dans l'escalier obscur qui y fait suite et au milieu duquel il rencontrera sa pupille, jetons un regard en arrière et disons les causes de cette absence qui, nous en sommes certains, n'a pas causé moins d'inquiétude à nos lecteurs qu'à la pauvre Bathilde et à la bonne Nanette.

On se rappelle comment Buvat, conduit par la crainte de la torture à la révélation du complot, avait été forcé par Dubois de venir lui faire chaque jour chez lui une copie des pièces que lui remettait le prétendu prince de Listhnay. C'est ainsi que le ministre du régent avait successivement appris tous les projets des conjurés, qu'il avait déjoués par l'arrestation du maréchal de Villeroy et par la convocation du Parlement.

Le lundi matin, Buvat était arrivé comme d'habitude avec de nouvelles liasses de papiers que d'Avranches lui avait remises la veille : c'était un manifeste rédigé par Malezieux et Pompadour et les lettres des principaux seigneurs bretons qui adhéraient comme nous l'avons vu à la conspiration.

Buvat se mit comme d'habitude à son travail ; mais vers les quatre heures, comme il venait de se lever et tenait son chapeau d'une main et sa canne de l'autre, Dubois était venu le prendre et l'avait conduit dans une petite chambre, au-dessus de celle dans laquelle il travaillait, et arrivé là, il lui avait demandé ce qu'il pensait de cet appartement. Flatté de cette déférence du premier ministre pour son jugement, Buvat s'était hâté de répondre qu'il le trouvait fort agréable.

—Tant mieux, reprit Dubois, et je suis fort aise qu'il soit de votre goût, car c'est le vôtre.

— Le mien! dit Buvat attéré.

— Eh bien, oui, le vôtre, qu'y a-t-il d'étonnant à ce que je désire avoir sous la main et surtout sous les yeux un homme aussi important que vous?

— Mais alors, demanda Buvat, je vais donc demeurer au Palais-Royal, moi?

— Pendant quelques jours du moins, répondit Dubois.

— Monseigneur, laissez-moi au moins prévenir Bathilde.

— Voilà justement l'affaire, c'est qu'il ne faut pas que mademoiselle Bathilde soit prévenue.

— Mais vous permettez au moins que la première fois que je sortirai...

— Tout le temps que vous resterez ici, vous ne sortirez pas.

— Mais, s'écria Buvat avec terreur... mais je suis donc prisonnier ?

— Prisonnier d'état, vous l'avez dit, mon cher Buvat ; mais tranquillisez-vous, votre captivité ne sera pas longue, et tant qu'elle durera, l'on aura pour vous tous les égards qui sont dus au sauveur de la France ; car vous avez sauvé la France, mon cher monsieur Buvat ; il n'y a pas à vous en dédire maintenant.

— J'ai sauvé la France ! s'écria Buvat, et me voilà prisonnier, me voilà sous les verroux, me voilà sous les barreaux !

— Et où diable voyez-vous des verroux et des barreaux, mon cher Buvat ? dit Dubois en éclatant de rire, la porte ferme à un seul loquet et n'a pas même de serrure ; quant à la fenêtre, voyez, elle donne sur le jardin du Palais-Royal, et pas le plus petit grillage ne vous en intercepte la vue, une vue superbe : vous serez ici comme le régent lui-même.

— O ma petite chambre ! ô ma terrasse ? murmura Buvat en se laissant tomber anéanti sur un fauteuil.

Dubois, qui avait autre chose à faire que de consoler Buvat, sortit et mit une sentinelle à sa porte.

L'explication de cette mesure était facile à comprendre : Dubois craignait qu'en voyant l'arrestation de Villeroy, on se doutât de quel côté venait la révélation, et que Buvat interrogé n'avouât qu'il avait tout dit. Or cet aveu eût sans doute arrêté les conjurés au milieu de leurs projets, et tout au contraire Dubois, éclairé désormais sur tous leurs desseins, voulait les laisser s'enferrer jusqu'au bout, pour en finir une bonne fois avec toutes ces petites conspirations.

Vers les huit heures du soir et comme le jour commençait à tomber, Buvat entendit un grand bruit à sa porte et une espèce de froissement métallique qui ne laissa point de l'inquiéter ; il avait entendu raconter bon nombre de lamentables histoires de prisonniers d'état assassinés dans leur prison, et il se leva tout frémissant et courut à sa fenêtre. La cour et le jardin du Palais-Royal étaient pleins de monde ; les galeries commençaient à s'illuminer, toute la vue qu'embrassait Buvat était pleine de mouvement, de gaité et de lumière. Il poussa un profond gémissement en songeant qu'il allait peut-être lui falloir dire adieu à ce monde si animé et si vivant. En ce moment on ouvrit sa porte. Buvat se retourna en frissonnant, et aperçut deux grands valets de pied en livrée rouge qui apportaient une table toute servie. Ce bruit métallique qui avait inquiété Buvat était le froissement des plats et des couverts d'argent.

Le premier mouvement de Buvat fut d'abord une action de grâce au Seigneur de ce qu'un danger aussi imminent que celui dans lequel il avait cru être tombé se changeait en une situation en apparence si supportable ; mais presque aussitôt l'idée lui vint que les projets funestes qu'on avait conçus contre lui étaient toujours les mêmes et qu'on n'avait seulement fait qu'en changer le mode d'exécution, et que seulement au lieu d'être assassiné comme Jean-sans-Peur ou le duc de Guise, il allait être empoisonné comme le grand Dauphin ou le duc de Bourgogne. Il jeta un coup-d'œil rapide sur les deux valets de pied et crut remarquer sur leur physionomie quelque chose de sombre qui dénonçait les agents d'une vengeance secrète. Dès lors le parti de Buvat fut pris, et malgré le fumet des plats, qui lui parut une amorce de plus, il refusa toute nourriture en disant majestueusement qu'il n'avait ni faim ni soif.

Les deux laquais se regardèrent en dessous : c'étaient deux fins escogriffes, qui avaient jugé Buvat du premier coup-d'œil, et qui ne comprenant pas qu'on n'eût pas faim en face d'un faisan truffé, et pas soif en face d'une bouteille de Chambertin, avaient pénétré les craintes de leur prisonnier. Ils échangèrent quelques mots à voix basse, et le plus hardi des deux, comprenant qu'il y avait moyen de tirer parti de la situation, s'avança vers Buvat, qui recula devant lui jusqu'à ce que la cheminée l'empêchât d'aller plus loin.

— Monsieur, lui dit-il d'un ton pénétré, nous comprenons vos craintes, mais comme nous sommes d'honnêtes serviteurs, nous tenons à vous prouver que nous sommes incapables de prêter les mains à l'action dont vous nous soupçonnez. En conséquence, pendant tout le temps que vous serez ici, mon camarade et moi, chacun notre tour, goûterons de tous les plats qui vous seront servis et de tous les vins qu'on vous apportera; heureux si, par notre dévoûment, nous pouvons vous rendre quelque tranquillité.

— Monsieur, répondit Buvat tout honteux que ses sentiments secrets eussent été pénétrés ainsi, Monsieur, vous êtes bien honnête, mais en vérité Dieu, je n'ai ni faim ni soif; c'est comme j'ai l'honneur de vous le dire.

— N'importe, Monsieur, dit le valet, comme nous désirons, mon camarade et moi, qu'il ne vous reste aucun doute dans l'esprit, nous maintenons l'épreuve que nous vous avons offerte. Comtois, mon ami, continua le valet en s'asseyant à la place que Buvat aurait dû occuper, faites-moi le plaisir de me servir quelques cuillerées de ce potage, une aile de cette poularde au riz et deux doigts de ce romanée. Là, bien. A votre santé, Monsieur.

— Monsieur, répondit Buvat en regardant de ses deux gros yeux étonnés le valet de pied qui dînait si impudemment à sa place, Monsieur, c'est moi qui suis votre serviteur, et je voudrais savoir votre nom pour le conserver dans ma mémoire, accolé à celui de ce bon geôlier qui donna dans sa prison à Côme l'Ancien une preuve de dévoûment pareille à celle que vous me donnez. Ce trait est dans la *Mo-*

rale en action, Monsieur, continua Buvat, et je me permettrai de vous dire que vous méritez de figurer dans ce livre sous tous les rapports.

— Monsieur, répondit modestement le valet, je me nomme Bourguignon, et voilà mon camarade Comtois, dont ce sera le tour de se dévouer demain, et qui, le moment venu, ne restera point en arrière. Allons, Comtois, mon ami, un filet de ce faisan et un verre de Champagne. Ne voyez-vous pas que pour rassurer Monsieur plus complètement, je dois goûter tous les mets et déguster tous les vins : c'est une rude tâche, je le sais bien ; mais où serait le mérite d'être honnête homme si on ne s'imposait pas de temps en temps de pareils devoirs? A votre santé, monsieur Buvat.

— Dieu vous le rende, monsieur Bourguignon.

— Maintenant, Comtois, passez-moi le dessert, afin qu'il ne reste aucun doute à M. Buvat.

— Monsieur Bourguignon, je vous prie de croire que si j'en avais eu, ils seraient complètement dissipés.

— Non, Monsieur, non, je vous en demande pardon, il vous en reste encore ; Comtois, mon ami, maintenez le café chaud, très chaud. Je veux le boire exactement comme l'aurait bu Monsieur, et je présume que c'est comme cela que Monsieur l'aime.

— Bouillant, Monsieur, répondit Buvat en s'inclinant ; je le bois bouillant, parole d'honneur.

— Ah! dit Bourguignon en sirotant sa demi-tasse et en levant béatiquement les yeux au plafond. Vous avez bien raison, Monsieur. Ce n'est que comme cela que le café est bon ; froid, c'est une boisson fort médiocre. Celui-ci, je dois le dire, est excellent. Comtois, mon ami, je vous fais mon compliment, et vous servez à ravir. Maintenant, aidez-moi à enlever la table. Vous devez savoir qu'il n'y a rien de désagréable comme l'odeur des vins et des mets pour ceux qui n'ont ni faim ni soif. Monsieur, continua Bourguignon en marchant à reculons vers la porte, qu'il avait fermée avec soin pendant tout le repas et qu'il venait de rouvrir tandis que son compagnon poussait la table en avant; Monsieur, si vous avez besoin de quelque chose, vous avez trois sonnettes, une à votre lit et deux à la cheminée. Celles de la cheminée sont pour nous, celle du lit pour le valet de chambre.

— Merci, Monsieur, dit Buvat; vous êtes

trop honnête. Je désire ne déranger personne.

— Ne vous gênez pas, Monsieur, ne vous gênez pas ; Monseigneur désire que vous en usiez comme chez vous.

— Monseigneur est bien honnête.

— Monsieur ne désire plus rien ?

— Plus rien, mon ami, plus rien, dit Buvat pénétré de tant de dévoûment, plus rien que vous exprimer ma reconnaissance.

— Je n'ai fait que mon devoir, Monsieur, répondit modestement Bourguignon en s'inclinant une dernière fois et en fermant la porte.

— Ma foi, dit Buvat en suivant Bourguignon d'un œil attendri, il faut convenir qu'il y a des proverbes bien menteurs. On dit insolent comme un laquais ; et certes voilà un individu exerçant cette profession et qui est cependant on ne peut plus poli. Ma foi, je ne croirai plus aux proverbes, ou du moins je ferai une distinction entre eux.

Et en se faisant cette promesse à lui-même, Buvat se retrouva seul.

Rien n'excite l'appétit comme la vue d'un bon dîner dont on ne respire que l'odeur. Celui qui venait de passer sous les yeux de Buvat dépassait en luxe tout ce que le bonhomme avait rêvé jusqu'alors, et il commençait, tourmenté par des tiraillements d'estomac réitérés, à se reprocher la trop grande défiance qu'il avait eue à l'endroit de ses persécuteurs; mais il était trop tard. Buvat aurait bien pu, il est vrai, tirer la sonnette de M. Bourguignon ou la sonnette de M. Comtois et demander un second service; mais il était d'un caractère trop timide pour se livrer à un pareil acte de volonté : il en résulta qu'ayant cherché parmi la somme de proverbes auxquels il devait continuer d'ajouter foi celui qui était le plus consolant, et ayant trouvé entre sa situation et le proverbe qui dit *qui dort dine* une analogie qui lui parut des plus directes, il résolut de s'en tenir à celui-là, et ne pouvant dîner, d'essayer au moins de dormir.

Mais au moment de se livrer à la résolution qu'il venait de prendre, Buvat se trouva assailli par de nouvelles craintes : ne pourrait-on pas profiter de son sommeil pour le faire disparaître? La nuit est l'heure des embûches ; il avait bien souvent entendu raconter à madame Buvat la mère des histoires de baldaquins qui en s'abaissant étouffaient le malheureux dormeur, de lits qui s'enfonçaient d'eux-mêmes par une trappe, et cela si doucement que le mouvement n'éveillait pas même celui qui était couché; enfin de portes secrètes s'ouvrant dans les boiseries et même dans les meubles pour donner passage à des assassins. Ce dîner si copieux, ces vins si excellents, ne lui avaient peut-être été servis que pour le conduire sans défiance à un sommeil plus profond. Tout cela était possible à la rigueur; aussi, comme Buvat avait au plus haut degré le sentiment de sa conservation, commença-t-il, sa bougie à la main, une investigation des plus minutieuses. Après avoir ouvert toutes les portes des armoires, tiré tous les tiroirs des commodes, sondé tous les panneaux de la boiserie, Buvat en était au lit, et à quatre pattes sur le tapis allongeait craintivement la tête sous la couchette, lorsque tout-à-coup il crut entendre marcher derrière lui. La position dans laquelle il était ne lui permettait guère de songer à sa défense, il demeura donc immobile et attendant le cœur serré et la sueur au front.

— Pardon, dit au bout de quelques instans de morne silence une voix qui fit frissonner Buvat, pardon, mais n'est-ce pas son bonnet de nuit que Monsieur cherche?

Buvat était découvert. Il n'y avait pas moyen de se soustraire au danger, si le danger existait. Il retira donc sa tête de dessous le lit, prit sa bougie à la main et demeurant sur les deux genoux, comme dans une posture humble et désarmante : il se retourna vers l'individu qui venait de lui adresser la parole et se trouva en face d'un homme tout vêtu de noir et portant plié sur l'avant-bras plusieurs objets que Buvat crut reconnaître pour des vêtements humains.

— Oui, Monsieur, dit Buvat, saisissan avec une présence d'esprit dont il se félicita intérieurement l'échappoir qui lui était ouverte, oui, Monsieur, je cherche mon bonnet de nuit lui-même. Cette recherche serait-elle défendue ?

— Pourquoi, Monsieur, au lieu de prendre cette peine, n'a-t-il pas sonné ? c'est moi qui ai l'honneur d'avoir été désigné pour lui servir de valet de chambre, et je lui apportais son bonnet de nuit et sa robe de nuit.

Et à ces mots le valet étala sur le lit une robe de chambre à grands ramages, un bonnet de fine batiste et un ruban du rose le plus coquet. Buvat, toujours à genoux, le regardait faire avec le plus grand étonnement.

— Maintenant, dit le valet de chambre, Monsieur veut-il que je l'aide à se déshabiller ?

— Non, Monsieur, non ! s'écria Buvat, dont la pudeur était des plus faciles à s'alarmer, mais en accompagnant ce refus du sourire le plus agréable qu'il put faire. Non, j'ai l'habitude de me déshabiller tout seul. Merci, Monsieur, merci.

Le valet de chambre se retira et Buvat se trouva seul.

Comme la visite de la chambre était finie et que la faim qui gagnait de plus en plus, rendait le sommeil urgent, Buvat commença aussitôt en soupirant sa toilette de nuit, plaça, pour ne point rester sans lumière, une de ses bougies dans l'angle de la cheminée, et s'enfonça en poussant un profond gémissement dans le lit le plus doux et le plus moelleux qu'il eût jamais rencontré.

Mais le lit ne fait pas le sommeil, et c'est un axiôme que Buvat put, par expérience, ajouter à la liste de ses proverbes véridiques. Soit terreur, soit viduité de l'estomac, Buvat passa une nuit fort agitée, et ce ne fut que vers le matin qu'il commença à s'endormir;

encore son sommeil fut-il peuplé des cauchemars les plus terribles et les plus insensés. Il venait de rêver qu'il avait été empoisonné dans un gigot de mouton aux haricots, lorsque le valet de chambre entra et demanda à quelle heure Monsieur voulait déjeûner.

Cette demande avait avec le rêve que Buvat venait d'accomplir une telle suite que Buvat frissonna des pieds à la tête à l'idée d'avaler la moindre chose, et ne répondit que par une espèce de murmure sourd, qui parut sans doute au valet de chambre avoir une signification quelconque, car il sortit aussitôt en disant que Monsieur allait être servi.

Buvat n'avait point l'habitude de déjeûner dans son lit, aussi sauta-t-il vivement en bas du sien et fit-il sa toilette en toute hâte : il venait de l'achever lorsque MM. Bourguignon et Comtois entrèrent portant le déjeûner comme ils étaient entrés la veille portant le dîner.

Alors eut lieu la seconde répétition de la scène que nous avons déjà racontée, à l'exception que cette fois ce fut M. Comtois qui mangea et que ce fut M. Bourguignon qui servit. Mais lorsqu'on arriva au café et que Buvat, qui n'avait rien pris depuis la veille à la même heure, vit son breuvage bien-aimé, après avoir passé de la cafetière d'argent dans la tasse de porcelaine, prêt à passer de la tasse de porcelaine dans l'œsophage de M. Comtois, il n'y put tenir plus longtemps et déclara que son estomac demandait à être amusé par quelque chose, et qu'en conséquence il désirait qu'on lui laissât le café et un petit pain. Cette déclaration parut contrarier quelque peu le dévoûment de M. Comtois, mais force lui fut cependant de se borner à deux cuillerées de l'odorant liquide, lequel fut, avec le petit pain et le sucrier, déposé sur un guéridon, tandis que les deux drôles emportaient, en riant dans leur barbe, les restes du déjeûner à la fourchette. A peine la porte fut-elle fermée que Buvat se précipita vers le guéridon, et sans même se donner le temps de tremper l'un dans l'autre, mangea le pain et but le café; puis, quelque peu réconforté par cette inglutition si insuffisante qu'elle fût, il commença à envisager les choses sous un point de vue moins désastreux.

En effet Buvat ne manquait pas d'un certain bon sens; et comme il avait traversé sans encombre la soirée de la veille, la nuit qui venait de s'écouler, et qu'il entrait dans la matinée présente d'une manière assez confortable, il commençait à comprendre que si par un motif politique quelconque on en voulait à sa liberté, on était loin au moins d'en vouloir à ses jours, que l'on entourait au contraire de soins dont il n'avait jamais été l'objet ; puis Buvat, malgré lui, ressentait cette bienfaisante influence du luxe qui s'introduit par tous les pores et dilate le cœur. Or il avait jugé que le dîner de la veille était meilleur que son dîner habituel ; il avait reconnu que le lit était fort moelleux ; il trouvait que le café qu'il venait de boire possédait un arôme que le mélange de la chicorée ôtait au sien. Bref, il ne pouvait se dissimuler que les fauteuils élastiques et les chaises rembourrées sur lesquelles il s'asseyait depuis vingt-quatre heures avaient une supériorité incontestable sur son fauteuil de cuir et ses chaises de canne. La seule chose qui le tourmentât donc réellement était l'inquiétude que devait éprouver Bathilde en ne le voyant pas revenir. Il eut bien un instant l'idée, n'osant pas renouveler la demande qu'il avait faite la veille à Dubois, de donner de ses nouvelles à sa pupille; il avait bien eu un instant l'idée, disons-nous, à l'instar du Masque de fer, qui avait jeté de la fenêtre de sa prison un plat d'argent sur le rivage de la mer, de jeter de son balcon une lettre dans la cour du Palais-Royal, mais il savait quel résultat funeste avait eu pour le malheureux prisonnier la découverte de cette infraction aux volontés de M. de Saint-Mars, de sorte qu'il tremblait en essayant une tentative pareille, de resserrer les rigueurs de sa captivité, qui telle qu'elle était, à tout prendre, lui paraissait tolérable.

Le résultat de toutes ces réflexions fut que Buvat passa une matinée beaucoup moins agitée que ne l'avaient été sa soirée et sa nuit; d'un autre côté son estomac, endormi par le café et le petit pain, ne lui laissait éprouver que cette légère pointe d'appétit qui n'est qu'une jouissance de plus lorsqu'on est sûr de bien dîner. Ajoutez à cela la vue éminemment distrayante que le prisonnier avait de sa fenêtre, et l'on comprendra qu'une heure de l'après-midi arriva sans trop de douleurs ni d'ennui.

A une heure juste la porte s'ouvrit, et la table reparut toute dressée, portée comme la veille et le matin par les deux valets de pied. Mais cette fois ce ne fut ni M. Bourguignon ni M. Comtois qui s'y assit : Buvat déclara que, parfaitement rassuré sur les intentions de son hôte auguste, il remerciait MM. Comtois et Bourguignon du dévoûment dont chacun à son tour lui avait donné la preuve, et les priait de le servir à son tour. Les deux valets firent la grimace, mais ils obéirent.

On devine que l'heureuse disposition d'esprit dans laquelle se trouvait Buvat devait se béatifier encore, grâce à l'excellent dîner qui lui était servi : Buvat mangea de tous les plats, Buvat but de tous les vins. Enfin Buvat, après avoir siroté son café, luxe qu'il ne se permettait ordinairement que le dimanche, Buvat, après avoir avalé par dessus le nectar arabique un petit verre de liqueurs de madame Anfoux, Buvat, il faut le dire, était dans un état voisin de l'extase.

Le soir, le souper eut le même succès, mais comme Buvat s'était un peu plus livré qu'au dîner à la dégustation du Chambertin et du Sillery, Buvat, vers les huit heures du soir, se trouvait dans un état de bien-être impossible à décrire. Il en résulta que, lorsque le valet de chambre entra pour faire sa couverture, au lieu de le trouver, comme la veille, à quatre pattes et la tête sous le lit, il le trouva assis dans un bon fauteuil, les pieds sur les chenets, la tête renversée contre le dossier, les yeux clignottants, et chantonnant entre ses dents avec une inflexion de voix d'une tendresse infinie :

> Laissez-moi aller,
>
> Laissez-moi jouer,
>
> Laissez-moi aller jouer sous la coudrette.

ce qui, comme on le voit, était une grande amélioration sur l'état dans lequel le digne écrivain se trouvait vingt-quatre heures auparavant. Il y eut plus : lorsque le valet de chambre lui offrit, comme la veille, de l'aider à se déshabiller, Buvat, qui éprouvait une certaine difficulté à exprimer ses pensées, se contenta de lui sourire en signe d'approbation, puis de lui tendre les bras pour qu'il lui tirât son habit, puis les jambes pour qu'il lui enlevât ses souliers, mais malgré l'état de jubilation extraordinaire dans lequel se trouvait Buvat, il est cependant juste de dire que sa retenue naturelle ne lui permit pas un plus complet abandon, et que ce ne fut que lorsqu'il se trouva parfaitement seul qu'il dépouilla le reste de ses vêtements.

Cette fois, tout au contraire de la veille, Buvat s'étendit voluptueusement dans son lit, s'endormit cinq minutes après être couché, rêva qu'il était le grand-turc et qu'il avait, comme le roi Salomon, trois cents femmes et cinq cents concubines.

Hâtons-nous de dire que ce fut le seul rêve un peu égrillard que le pudique Buvat fit dans le cours de sa chaste vie.

Buvat se réveilla frais comme une rose pompon, n'ayant plus qu'une seule préoccupation au monde, celle de l'inquiétude où devait être Bathilde, mais du reste parfaitement heureux.

Le déjeuner, comme on le pense bien, ne lui ôta rien de sa bonne humeur; tout au contraire, s'étant informé s'il pouvait écrire à monseigneur l'archevêque de Cambray, et ayant appris qu'aucun ordre ne s'y opposait, il demanda du papier et de l'encre qu'on lui apporta, tira de sa poche son canif qui ne le quittait jamais; tailla sa plume avec le plus grand soin et commença de sa plus belle écriture une requête parfaitement touchante à l'effet d'obtenir de lui, si sa captivité devait se prolonger, la permission de recevoir Bathilde ou tout au moins de la prévenir qu'à part sa liberté, il ne lui manquait absolument rien, grâce aux bontés qu'avait pour lui monseigneur le premier ministre.

Cette requête, à l'exécution calligraphique de laquelle Buvat attacha un grand soin, et dont toutes les majuscules représentaient des figures différentes de plantes, d'arbres ou d'animaux, occupa le digne écrivain depuis le déjeûner jusqu'au dîner. En s'asseyant à table, il la remit à Bourguignon, qu'il chargea personnellement de la porter à monseigneur le premier ministre, déclarant que Comtois lui suffirait momentanément pour son service. Un quart d'heure après, Bourguignon revint et annonça à Buvat que monseigneur était sorti, mais qu'en son absence, la pétition avait été remise à la personne qui partageait le soin des affaires publiques avec lui, et que cette personne avait donné l'ordre de lui amener Buvat aussitôt qu'il aurait dîné, lequel Buvat, cependant, était invité à n'en point manger un seul morceau ni boire un verre de vin plus vite, attendu que celui qui le faisait demander était lui-même à table en ce moment. En vertu de cette permission,

Buvat prit son temps, écorna les meilleurs plats, dégusta les meilleurs vins, lampa son café, savoura son verre de liqueur, et, cette dernière opération terminée, déclara d'un ton fort résolu qu'il était prêt à paraître devant le substitut du premier ministre.

L'ordre avait été donné à la sentinelle de laisser sortir Buvat : aussi, Buvat, conduit par Bourguignon, passa-t-il fièrement devant elle. Pendant quelque temps il suivit un long corridor, puis il descendit un escalier ; puis enfin le valet de pied ouvrit une porte et annonça M. Buvat.

Buvat se trouva alors dans une espèce de laboratoire situé au rez-de-chaussée, en face d'un homme de quarante ou quarante-deux ans qui ne lui était pas tout-à-fait inconnu, et qui, dans le costume le plus simple, s'occupait à suivre sur un fourneau ardemment allumé, une opération chimique à laquelle il paraissait attacher une grande importance : cet homme, en apercevant Buvat, releva la tête, et l'ayant regardé avec curiosité :

— Monsieur, lui dit-il, c'est vous qui vous nommez Jean Buvat.

— Pour vous servir, Monsieur, répondit Buvat en s'inclinant.

— La requête que vous venez d'adresser à l'abbé est de votre main ?

— De ma propre main, Monsieur.

— Vous avez une fort belle écriture, Monsieur.

— Buvat s'inclina avec un sourire orgueilleusement modeste.

— L'abbé, continua l'inconnu, m'a dit, Monsieur, les services que nous vous devions.

—Monseigneur est trop bon, murmura Buvat, cela n'en vaut pas la peine.

— Comment, cela n'en vaut pas pas la peine; si fait, au contraire, M. Buvat, cela en vaut grandement la peine. Peste! et la preuve, c'est que si vous avez quelque chose à demander au régent, je me charge de lui transmettre votre demande.

— Monsieur, dit Buvat, puisque vous avez la bonté de vous offrir pour être l'interprète de mes sentiments pour Son Altesse royale, ayez la bonté de lui dire que quand elle sera moins gênée, je la prie, si cela ne la prive pas trop, de me faire payer mon arriéré.

— Comment, votre arriéré, M. Buvat? Que voulez-vous dire?

— Je veux dire, Monsieur, que j'ai l'honneur d'être employé à la Bibliothèque royale, mais que voilà bientôt six ans que l'on nous dit à chaque fin de mois qu'il n'y a pas d'argent en caisse.

— Et à combien se monte votre arriéré ?

— Monsieur, il me faudrait une plume et de l'encre pour vous dire le chiffre exact.

— Voyons, à peu près. Calculez cela de mémoire.

— Mais, à cinq mille trois cent et quelques livres, à part les fractions de sous et de deniers.

— Et vous désireriez être payé, monsieur Buvat?

— Je ne vous cache pas, Monsieur, que cela me ferait plaisir.

— Et voilà tout ce que vous demandez ?

— Absolument tout.

— Mais enfin pour le service que vous venez de rendre à la France, ne réclamez-vous rien ?

— Si fait, Monsieur, je réclame la permission de faire dire à ma pupille Bathilde, qui doit être fort inquiète de mon absence, qu'elle se tranquillise et que je suis prisonnier au Palais-Royal. Je demanderais même, si ce n'était pas abuser de votre bonté, Monsieur, qu'elle eût la permission de venir me faire une petite visite; mais si cette seconde demande était trop indiscrète, je me bornerais à la première.

— Nous ferons mieux que cela, monsieur Buvat; les causes pour lesquelles nous vous retenions n'existent plus, nous allons donc vous rendre votre liberté, et vous pourrez aller vous-même donner de vos nouvelles à votre pupille.

— Comment, Monsieur! dit Buvat, comment! je ne suis plus prisonnier?

— Vous pouvez partir quand vous voudrez.

— Monsieur, je suis votre très humble, et

j'ai bien l'honneur de vous présenter mes hommages.

— Pardon, monsieur Buvat, encore un mot.

— Deux, Monsieur.

— Je vous répète que la France a envers vous des obligations qu'il faut qu'elle acquitte. Écrivez donc au régent, faites-lui le relevé de ce qui vous est dû, exposez-lui votre situation, et si vous désirez particulièrement quelque chose, exposez hardiment votre désir. Je suis garant qu'il sera fait droit à votre requête.

— Monsieur, vous êtes trop bon et je n'y manquerai pas. Je puis donc alors espérer qu'aux premiers fonds qui rentreront dans les caisses de l'État...

— Un rappel vous sera fait, je vous en donne ma parole.

—Monsieur, aujourd'hui même ma pétition sera adressée au régent.

— Et demain vous serez payé.

— Ah! Monsieur, que de bontés!

—Allez, monsieur Buvat, allez, votre pupille vous attend.

— Vous avez raison, Monsieur, mais elle n'aura rien perdu pour m'attendre, puisque je vais lui porter une si bonne nouvelle. A l'honneur de vous revoir, Monsieur. Ah! pardon ; sans indiscrétion, comment vous appelez-vous, s'il vous plaît ?

— M. Philippe.

— A l'honneur de vous revoir, monsieur Philippe.

— Adieu, monsieur Buvat. Un instant, reprit Philippe, il faut que je donne des ordres pour que vous puissiez sortir.

A ces mots il sonna, un huissier parut.

— Faites venir Ravanne.

L'huissier sortit. Deux secondes après un jeune officier des gardes entra.

— Ravanne, dit M. Philippe, conduisez ce brave homme jusqu'à la porte du Palais-Royal. Il est libre d'aller où il voudra.

— Oui, Monseigneur, dit le jeune officier.

Un éblouissement passa sur les yeux de Buvat, qui ouvrit la bouche pour demander quel était celui qu'on appelait ainsi Monseigneur ; mais Ravanne ne lui en laissa pas le temps.

— Venez, Monsieur, lui dit-il, venez, je vous attends.

Buvat regarda d'un air hébété M. Philippe et le page, mais comme celui-ci ne comprenait rien à son hésitation, il lui renouvela une seconde fois l'invitation de le suivre. Il obéit en tirant son mouchoir de sa poche et en essuyant l'eau qui lui coulait à grosses gouttes du front.

A la porte, la sentinelle voulut arrêter Buvat.

— Par ordre de S. A. R. monseigneur le régent, monsieur est libre, dit Ravanne.

Le soldat présenta les armes et laissa passer.

Buvat crut qu'il allait avoir un coup de sang; il sentit les jambes qui lui manquaient, et s'appuya contre la muraille.

— Qu'avez-vous donc, Monsieur? lui demanda son guide.

— Pardon, Monsieur, balbutia Buvat, mais est-ce que par hasard la personne à laquelle je viens d'avoir l'honneur de parler serait?..

— Monseigneur le régent en personne, reprit Ravanne.

— Pas possible! s'écria Buvat.

— Très possible! au contraire, répondit le jeune homme, et la preuve c'est que cela est ainsi

— Comment, c'est monsieur le régent lui-même qui m'a promis que je serais payé de mon arriéré, s'écria Buvat.

— Je ne sais pas ce qu'il vous a promis, mais je sais que la personne qui m'a donné l'ordre de vous reconduire était M. le régent, répondit Ravanne.

— Mais il m'a dit qu'il s'appelait Philippe.

— Eh bien! c'est cela, Philippe d'Orléans.

— C'est vrai, Monsieur, c'est vrai; Philippe est son nom patronimique, c'est connu, cela. Mais c'est un très brave homme que le régent, et quand je pense qu'il y avait d'infâmes gueux qui conspiraient contre lui, contre un homme qui m'a donné sa parole de me faire payer mon arriéré; mais ils méritent d'être pendus, ces gens-là, Monsieur, d'être roués, écartelés, brûlés vifs; n'est-ce pas votre avis, Monsieur?

— Monsieur, dit Ravanne en riant, je n'ai point d'avis sur les affaires de cette importance. Nous sommes à la porte de la rue, je voudrais avoir l'honneur de vous faire compagnie plus longtemps, mais Monseigneur part dans une demi-heure pour l'abbaye de Chelles, et, comme il a quelques ordres à me donner avant son départ, je me vois, à mon grand regret, forcé de vous quitter.

— Tout le regret est pour moi, Monsieur, dit gracieusement Buvat, et en répondant par une profonde inclination au léger salut du jeune homme, qui lorsque Buvat releva la tête avait déjà disparu.

Cette disparition laissa Buvat parfaitement libre de ses mouvements, et il en profita en s'acheminant vers la place des Victoires, et de la place des Victoires vers la rue du Temps-Perdu, dont il tournait l'angle juste au moment où d'Harmental passait son épée au travers du corps de Roquefinette. C'était en ce moment encore que la pauvre Bathilde, qui était loin de se douter de ce qui se passait chez son voisin, avait aperçu son tuteur et s'était précipitée à sa rencontre dans l'escalier, où Buvat et elle s'étaient joints entre le second et le troisième étage.

— Oh! petit père, cher petit père, s'écria Bathilde tout en montant l'escalier au bras de Buvat et en l'arrêtant pour l'embrasser à chaque marche. D'où venez-vous donc? que vous est-il arrivé et comment se fait-il que depuis lundi nous ne vous ayons pas vu? Dans quelle inquiétude vous nous avez mises, mon Dieu, Nanette et moi; mais il faut qu'il vous soit arrivé des évènements incroyables?

— Ah oui! bien incroyables, dit Buvat.

— Ah! mon Dieu! contez-moi cela, petit père. D'où venez-vous, d'abord?

— Du Palais-Royal.

— Comment, du Palais-Royal! Et chez qui étiez-vous, au Palais-Royal?

— Chez le régent.

— Vous, chez le régent! Et que faisiez-vous chez le régent?

— J'étais prisonnier.

— Prisonnier! vous!

— Prisonnier d'état.

— Et pourquoi? Vous, prisonnier!

— Parce que j'ai sauvé la France.

— Oh mon Dieu! mon Dieu petit père, est-ce que vous seriez devenu fou! s'écria Bathilde avec effroi.

— Non, mais il y aurait eu de quoi le devenir si je n'avais pas eu la tête solide.

— Mais, je vous en prie, expliquez-vous.

— Imagine-toi qu'il y avait une conspiration contre le régent.

— Oh mon Dieu!

— Et que j'en étais.

— Vous!

— Oui, moi; sans en être c'est-à-dire. Tu sais bien, ce prince de Listhnay?

— Après?

— Un faux prince, mon enfant, un faux prince!

— Mais ces copies que vous faisiez pour lui?....

— Des manifestes, des proclamations, des actes incendiaires; une révolte générale, la Bretagne... la Normandie... les États-généraux... le roi d'Espagne... Et c'est moi qui ai découvert tout cela.

— Vous! s'écria Bathilde épouvantée.

— Oui, moi, que monseigneur le régent vient d'appeler le sauveur de la France; moi à qui il va payer mes arriérés!

— Mon père, mon père, dit Bathilde, vous

avez parlé de conspirateurs ; savez-vous les noms de ces conspirateurs?

— D'abord M. le duc du Maine ; comprends-tu ce misérable bâtard, qui conspire contre un homme comme monseigneur le régent! Puis un comte de Laval, un marquis de Pompadour, un baron de Valef, le prince de Cellamare, l'abbé Brigaud, ce malheureux abbé Brigaud. Imagine-toi que j'ai copié la liste.....

— Mon père, dit Bathilde haletante de crainte, mon père, parmi tous ces noms-là, n'avez vous pas lu le nom... le nom... du... chevalier... Raoul d'Harmental. ...

— Ah! je crois bien, s'écria Buvat, le chevalier Raoul d'Harmental! c'est le chef de la conjuration ; mais le régent les connait tous. Ce soir ils seront tous arrêtés, et demain pendus, écartelés, roués vifs.

— Oh! malheureux! malheureux que vous

êtes! s'écria Bathilde en se tordant les bras, vous avez tué l'homme que j'aime. Mais je vous le jure par ma mère, Monsieur, s'il meurt, je mourrai.

Et songeant qu'elle aurait peut-être encore le temps de prévenir Raoul du danger qui le menaçait, Bathilde, laissant Buvat atterré, s'élança vers la porte de la chambre, descendit l'escalier comme si elle eût des ailes, traversa la rue en deux bonds, monta l'escalier presque sans toucher les marches, et haletante, épuisée, mourante, vint heurter la porte de d'Harmental, qui mal fermée par le chevalier, céda au premier effort de Bathilde, et en s'ouvrant lui laissa voir le cadavre du capitaine, étendu sur le carreau et nageant dans une mare de sang.

Cette vue était si loin d'être celle à laquelle s'attendait Bathilde, que sans songer qu'elle allait peut-être achever de compromettre son amant, elle se précipita vers la porte en appelant du secours; mais en arrivant sur le palier, soit que les forces lui manquassent, soit que son pied eût glissé dans le sang, elle tomba à la renverse en poussant un cri terrible.

A ce cri les voisins accoururent et trouvèrent Bathilde évanouie; sa tête avait porté sur l'angle de la porte, et il s'y était fait une grave blessure.

On descendit Bathilde chez madame Denis, qui s'empressa de lui offrir l'hospitalité.

Quant au capitaine Roquefinette, comme il avait déchiré l'adresse de la lettre qu'il avait dans sa poche pour allumer sa pipe, et qu'il ne possédait sur lui aucun autre papier qui indiquât son nom ou son domicile, on transporta son corps à la Morgue, où trois jours après il fut reconnu par la Normande.

VII.

DIEU DISPOSE.

Cependant d'Harmental, comme nous l'avons vu, était parti au galop, sentant bien qu'il n'y avait pas un instant à perdre pour faire face aux changements qu'allait amener dans l'entreprise hasardeuse dont il s'était chargé la mort du capitaine Roquefinette. En conséquence, et dans l'espoir de reconnaître à un signe quelconque, les individus qui devaient jouer le rôle de comparses dans ce grand drame, il avait suivi les boulevarts jusqu'à la Porte Saint-Martin, et arrivé là, tournant à gauche, il s'était trouvé en un instant au milieu du Marché-aux-Chevaux : c'était là, on se le rappelle, que les douze ou quinze faux sauniers enrôlés par Roquefinette attendaient les ordres de leur capitaine.

Mais, comme l'avait dit le pauvre défunt, aucun signe particulier ne pouvait désigner à l'œil étranger ces hommes mystérieux, vêtus qu'ils étaient comme les autres et se connaissant entre eux à peine. D'Harmental chercha donc vainement : tous les visages lui étaient inconnus; vendeurs et acheteurs lui paraissaient si parfaitement indifférents à toute autre idée qu'à celle des marchés qu'ils étaient en train de conclure, que deux ou trois fois après s'être approché de personnages qu'il avait cru reconnaître pour de faux paysans, il s'éloigna sans même leur adresser la parole, tant la probabilité était grande que sur cinq ou six cents individus qui se trouvaient là, le chevalier commettrait quelque erreur, qui non seulement pourrait être inutile, mais qui encore pouvait devenir dangereuse. La situation était désolante ; d'Harmental incontestablement avait là sous la main tous les moyens d'exécution nécessaires à l'heureux accomplissement du complot, mais il avait, en tuant le capitaine, brisé lui-même le fil conducteur, et l'anneau intermédiaire rompu, toute la chaîne était brisée. D'Harmental se mordait les lèvres jusqu'au sang, se déchirait la poitrine, allait et venait d'un bout à l'autre du marché, espérant toujours que quelque circonstance imprévue le tirerait d'embarras; mais le temps s'écoulait, le marché conservait sa même physionomie, personne n'était venu lui parler et les deux paysans auxquels il avait en désespoir de cause adressé quelques questions ambiguës avaient, à ces questions, ouvert des yeux et une bouche si naïvement étonnés, que d'Harmental avait interrompu à l'instant même la conversation commencée, convaincu qu'il était d'avoir touché à faux.

Sur ces entrefaites cinq heures sonnèrent.

C'était vers les huit ou neuf heures du soir que le régent devait revenir de Chelles. Il n'y avait donc pas de temps à perdre, d'autant plus que cette embuscade était le va-tout des conjurés, qui s'attendaient bien à être arrêtés d'un moment à l'autre, et qui jouaient la seule chance qui leur restait sur le dernier coup de dé : D'Harmental ne se dissimulait aucune des difficultés de la situation : il avait réclamé pour lui l'honneur de l'entreprise, c'était donc sur lui que pesait toute la responsabilité et cette responsabilité était terrible : D'un autre côté, il se trouvait pris dans une de ces situations, où le courage ne peut rien, où la volonté humaine se brise devant une impossibilité et où la seule chance qui reste est d'avouer son impuissance et de solliciter le secours de ceux qui en attendaient de vous.

D'Harmental était homme de résolution, son parti fut bientôt pris; il fit dans le marché qu'il parcourait en tous sens depuis une heure et demie un dernier tour, afin de voir si enfin quelque conjuré ne se trahissait pas comme lui par son impatience ; mais voyant que tous les visages restaient dans leur impassible nullité, il mit son cheval au galop, longea les boulevards, gagna le faubourg Saint

Antoine, descendit à la maison n° 15, enfila l'escalier, grimpa au cinquième étage, ouvrit la porte d'une petite chambre et se trouva en face de madame du Maine, du comte de Laval, de Pompadour et de Valef, de Malezieux et de Brigaud.

Tous jetèrent un cri de surprise en l'apercevant.

D'Harmental raconta tout : les prétentions de Roquefinette, la discussion qui s'en était suivie et le duel qui l'avait terminée. Il ouvrit son habit, montra sa chemise pleine de sang ; puis il passa à l'espérance qu'il avait eue de reconnaître les faux sauniers et de se mettre à leur tête à la place du capitaine : il dit ses espérances déçues, ses investigations inutiles au milieu du marché aux chevaux, et finit par faire un appel à Laval, à Pompadour et à Valef, qui y répondirent aussitôt en disant qu'ils étaient prêts à suivre le chevalier au bout du monde, et à lui obéir en tout ce qu'il ordonnerait.

Rien n'était donc perdu encore : quatre hommes résolus et agissant pour leur compte pouvaient parfaitement remplacer douze ou quinze vagabonds soudoyés, qui n'étaient mus par aucun autre intérêt que celui de gagner une vingtaine de louis par tête. Les chevaux étaient prêts dans l'écurie, chacun était venu armé; d'Avranches n'était point encore parti, ce qui renforçait la petite troupe d'un homme dévoué. On envoya chercher des masques de velours noir, pour cacher le plus longtemps possible au régent la figure de ses ravisseurs; on laissa près de madame du Maine, Malezieux qui, par son âge, et Brigaud qui, par sa profession, devaient naturellement être mis en dehors d'une pareille expédition; on se donna rendez-vous à Saint-Mandé, et l'on partit chacun isolément, afin de ne point donner de soupçons. Une heure après, les cinq conjurés étaient réunis, et s'embusquaient sur la route de Chelles, entre Vincennes et Nogent-sur-Marne. Six heures et demie sonnaient à l'horloge du château.

D'Avranches s'était informé. Le régent était passé vers les trois heures et demie; il n'avait ni suite ni gardes; il était dans une voiture à quatre chevaux, menés par deux jockeys à la Daumont, et précédé par un seul coureur. Il n'y avait donc aucune résistance à craindre : on arrêtait le prince; on le dirigeait sur Charenton, dont le maître de poste, comme nous l'avons dit, était à la dévotion de madame du Maine; on le faisait entrer dans la cour, dont la porte se refermait sur lui; on le forçait à monter dans une voiture de voyage, qui attendait tout attelée et postillon en selle. D'Harmental et Valef se plaçaient près de lui; on repartait au galop; on traversait la Marne à Alfort, la Seine à Villeneuve-Saint-Georges; on gagnait Grand-Vaux, et à Montlhéry on se trouvait sur la route d'Espagne. Si à l'un ou l'autre des relais le régent voulait appeler, d'Harmental et Valef le menaçaient, et s'il appelait malgré les menaces, le fameux passeport était là pour prouver que celui qui réclamait assistance n'était pas le prince, mais un fou qui se croyait le régent, et que l'on reconduisait à sa famille, qui habitait Saragosse. Bref, tout cela était un peu hasardeux, il est vrai ; mais, comme on le sait, ce sont ces sortes d'entreprises qui d'ordinaire réussissent d'autant mieux que ceux contre lesquels elles sont dirigées n'ont garde de les prévoir.

Sept heures et huit heures sonnèrent successivement. D'Harmental et ses compagnons voyaient avec plaisir la nuit s'approcher et devenir de plus en plus épaisse. Deux ou trois voitures, soit en poste, soit attelées de chevaux de maîtres, avaient déjà donné quelques fausses alertes, mais avaient eu en même temps pour résultat de les aguerrir à l'attaque véritable. A huit heures et demie la nuit était tout-à-fait obscure, et l'espèce de crainte bien naturelle que les conjurés avaient d'abord ressentie commençait à se changer en impatience.

A neuf heures on crut entendre quelque bruit. D'Avranches se coucha à plat ventre et distingua plus clairement le roulement d'une voiture. Au même moment, à un millier de pas de distance à peu près à l'angle de la route, on vit poindre une lueur pareille à une étoile : les conjurés tressaillirent. C'était évidemment le coureur et sa torche. Bientôt il n'y eut plus de doute ; on aperçut la voiture et ses deux lanternes. D'Harmental, Pompadour, Valef et Laval échangèrent une dernière poignée de main, se couvrirent le visage de leur masque et chacun prit le poste qui lui était assigné.

Cependant la voiture s'avançait rapidement : c'était bien celle du duc d'Orléans. A la lueur de la torche qu'il portait, on voyait l'habit rouge du coureur, devançant les chevaux de vingt-cinq pas à peu près. La route était silencieuse et déserte; du reste tout semblait d'accord avec les conjurés. D'Harmental jeta un dernier coup-d'œil à ses compagnons; il vit d'Avranches au milieu de la route contrefaisant l'homme ivre; Laval et Pompadour de chaque côté du pavé, et en face de lui Valef qui regardait si ses pistolets jouaient bien dans leurs fontes. Quant au coureur, aux deux jockeys et au prince, il était évident qu'ils étaient tous dans la sécurité la plus parfaite et qu'ils venaient se livrer d'eux-mêmes à ceux qui les attendaient.

La voiture avançait toujours : déjà le coureur avait dépassé d'Harmental et Valef. Tout-à-coup il alla se heurter contre d'Avranches, qui, se redressant, sauta à la bride de son cheval, lui arracha la torche des mains et l'éteignit. A cette vue, les jockeys voulurent faire tourner la voiture, mais il était trop tard ; Pompadour et Laval s'étaient élancés et les tenaient en respect le pistolet à la main, tandis que d'Harmental et Valef se présentaient à chaque portière, éteignaient les lanternes, et signifiaient au prince qu'on n'en voulait point à sa vie s'il ne faisait aucune résistance, mais que si, au contraire, il se défendait ou dépelait, on était décidé à recourir aux dernières extrémités.

Contre l'attente de d'Harmental et de Valef, qui connaissaient le courage du régent, le prince se contenta de dire : C'est bien, Messieurs, ne me faites pas de mal, j'irai partout où vous voudrez.

D'Harmental et Valef jetèrent alors les yeux sur la grande route : ils virent Laval, Pompadour et d'Avranches qui emmenaient dans l'épaisseur du bois le coureur, les deux jockeys, ainsi que le cheval du coureur et les deux chevaux de la voiture, qu'ils avaient dételés. Le chevalier sauta aussitôt à bas de son cheval, enfourcha celui que montait le premier postillon : Laval et Valef se placèrent à chaque portière; la voiture repartit au galop, se jeta dans la première route qu'elle trouva à sa gauche, enfila une contre-allée, et commença de rouler sans bruit et sans lumière dans la direction de Charenton. Toutes les mesures avaient été si bien prises que l'enlèvement n'avait pas été plus de cinq minutes à s'accomplir, qu'aucune résistance n'avait été faite, que pas un cri n'avait été poussé. Décidément cette fois la fortune était pour les conjurés.

Mais arrivé au bout de l'allée, d'armenta trouva un premier obstacle : la barrière, soit hasard, soit préméditation, était fermée : force fut donc de rebrousser chemin pour en prendre un autre. Le chevalier fit tourner les chevaux, revint sur ses pas, prit une allée latérale, et la course, un instant ralentie, recommença avec une nouvelle vélocité.

La nouvelle allée que suivait le chevalier conduisait à un carrefour : une des routes de ce carrefour conduisait droit à Charenton. Il n'y avait donc pas de temps à perdre puisqu'en tout cas il fallait absolument traverser ce carrefour. Un instant, il crut voir dans l'ombre s'agiter des hommes devant lui, mais cette espèce de vision disparut comme un brouillard et la voiture continua son chemin sans empêchement. En approchant du carrefour, d'Harmental crut encore entendre le hennissement d'un cheval et une espèce de froissement de fer comme feraient des sabres que l'on tirerait du fourreau; mais, soit qu'il crut que c'était le passage du vent dans les feuilles, soit qu'il pensât que c'était quelqu'autre bruit auquel il ne devait point s'arrêter, il continua son chemin avec la même vitesse, le même silence et au milieu de la même obscurité.

Mais en arrivant au carrefour, d'Harmental vit une chose étrange : c'était une espèce de muraille fermant les routes qui venaient y aboutir : il était évident qu'il se passait là quelque chose de nouveau. D'Harmental arrêta aussitôt la voiture et voulut reprendre le chemin d'où il venait ; mais une muraille pareille s'était refermée derrière lui ; au même instant il entendit la voix de Valef et de Laval qui criaient : « Nous sommes cernés, sauve qui peut ! » Et tous deux, quittant aussitôt la portière et faisant sauter le fossé à leurs chevaux, se lancèrent dans la forêt et disparurent au milieu de la futaie. Mais il était impossible à d'Harmental, qui montait un cheval attelé, de suivre ses deux compagnons. Ne pouvant donc éviter cette muraille vivante qu'il commençait à reconnaître pour être un cordon de mousquetaires gris, le chevalier essaya de la renverser, enfonça les éperons dans le ventre de son cheval et s'avança, tête baissée et un pistolet de chaque main, vers la route la plus proche de lui, sans s'inquiéter si c'était celle qu'il devait suivre; mais à peine avait-il fait dix pas, qu'une balle de mousqueton cassa la tête à son porteur, qui s'abattit, le renversant du coup et lui engageant la jambe sous lui.

Aussitôt huit ou dix cavaliers mettant pied à terre s'élancèrent sur d'Harmental, qui tira un de ses pistolets au hasard, approchant l'autre de sa tête pour se faire sauter la cervelle; mais il n'en eut pas le temps : deux mousquetaires lui saisirent le bras, quatre autres le tirèrent de dessous le cheval. On fit descendre de la voiture le prétendu prince, qui n'était qu'un valet déguisé, on y fit entrer d'Harmental, deux officiers se placèrent près de lui, on attela un autre cheval à la place de celui qui avait été tué : la voiture se remit en mouvement, reprit une nouvelle direction, escortée d'un escadron de mousquetaires. Un quart-d'heure après elle roulait sur un pont-levis, une lourde porte grinçait sur ses gonds et d'Harmental passait sous un guichet sombre et voûté, de l'autre côté duquel l'attendait un officier en uniforme de colonel :

C'était M. de Launay, gouverneur de la Bastille.

Maintenant si nos lecteurs désirent savoir comment le complot avait été déjoué, qu'ils se rappellent la conversation de Dubois et de la Fillon. La commère du premier ministre, on s'en souvient, soupçonnait le capitaine Roquefinette d'être mêlé à quelque trame illicite, et était venue le dénoncer, à la condition qu'il aurait la vie sauve. Quelques jours après elle avait vu d'Harmental entrer chez elle, l'avait reconnu pour le jeune seigneur qui avait déjà eu une conférence avec le capitaine, était montée derrière lui, et d'une chambre voisine, à l'aide d'un trou pratiqué dans la boiserie, elle avait tout entendu.

Or, ce qu'elle avait entendu, c'était le projet d'enlever le régent à son retour de Chelles. Dubois avait été prévenu le soir même, et afin de prendre les coupables sur le fait, il avait fait endosser un habit du régent à M. Bourguignon, et avait enveloppé le bois de Vincennes d'un cordon de mousquetaires gris, de chevau-légers et de dragons. On vient de voir quel avait été le résultat de sa ruse. Le chef du complot avait été pris en flagrant délit, et comme le premier ministre savait le nom de tous les autres conjurés, il était probable qu'il leur restait peu de chance d'échapper au vaste filet dans lequel à cette heure il les tenait tous enveloppés.

VIII.

LA MÉMOIRE D'UN PREMIER MINISTRE.

Lorsque Bathilde rouvrit les yeux, elle se trouva couchée dans la chambre de mademoiselle Émilie; Mirza était étendue sur le pied de son lit, les deux sœurs étaient de chaque côté de son chevet, et Buval, écrasé de douleur, se tenait assis dans un coin, la tête inclinée sur sa poitrine et ses mains posées sur ses genoux.

D'abord toutes ses pensées furent confuses, et son premier sentiment fut celui de la douleur physique ; elle porta sa main à sa tête, la blessure était derrière la tempe. Un médecin qu'on avait appelé avait posé le premier appareil, en prévenant qu'on eût à le rappeler si la fièvre se déclarait.

Étonnée de se trouver, au sortir d'un sommeil qui lui avait paru si lourd et si douloureux, couchée dans une maison étrangère, la jeune fille arrêta un regard interrogateur sur chacun des personnages qui se trouvaient là ; mais Athénaïs et Émilie détournèrent les yeux, Buvat poussa un gémissement sourd, Mirza seule allongea sa petite tête pour solliciter une caresse. Malheureusement pour la câline petite bête, les souvenirs commençaient à revenir à Bathilde, le voile qui avait passé entre sa mémoire et les événements s'éclaircissait peu à peu, bientôt elle commença de rattacher les uns aux autres les fils brisés qui pouvaient l'aider à suivre de nouveau la route du passé : elle se rappela le retour de Buvat, ce qu'il lui avait raconté de la conspiration; le danger qui était résulté pour d'Harmental de la révélation qu'il avait faite. Elle se souvint alors de l'espoir qu'elle avait conçu d'arriver à temps pour le sauver, de la rapidité avec laquelle elle avait traversé la rue et monté l'escalier; enfin, son entrée dans la chambre de Raoul lui revint en mémoire, et jetant un nouveau cri de terreur comme si elle se retrouvait une seconde fois en face du cadavre du capitaine.

— Et lui, s'écria-t-elle, et lui, qu'est-il devenu?

Nul ne répondit, car aucune des trois personnes qui se trouvaient là ne savait que répondre : seulement Buvat, suffoqué par les larmes, se leva et s'achemina vers la porte. Bathilde comprit tout ce qu'il y avait de douleurs et de remords dans cette sortie muette. D'un regard elle arrêta Buvat. Puis, étendant ses deux bras vers lui :

— Petit père, demanda-t-elle, n'aimez-vous plus votre pauvre Bathilde ?

— Moi, ne plus t'aimer ! mon enfant chéri ! s'écria Buvat en tombant à genoux au pied du lit et en baisant les pieds de Bathilde à travers les couvertures; moi, ne plus t'aimer, mon Dieu! c'est bien plutôt toi qui ne m'aimeras plus maintenant, et tu auras raison, car je suis un misérable ! J'aurais dû deviner que ce jeune homme t'aimait, et tout risquer, tout souffrir plutôt que de... Mais tu ne m'avais rien dit, tu n'as pas eu de confiance en moi, et, que veux-tu, moi, avec les meilleurs intentions du monde, je ne fais que des sottises. Oh ! malheureux, malheureux que je suis! s'écria Buvat en sanglotant, comment me pardonneras-tu jamais, et si tu ne me pardonnes pas, comment vivrai-je?

— Petit père, s'écria Bathilde, petit père, tâchez seulement de savoir ce qu'il est devenu, je vous en supplie.

— Eh bien! mon enfant, eh bien! je vais m'informer. N'est-ce pas que tu me pardonneras si je t'apporte de bonnes nouvelles? Et... si elles sont mauvaises... n'est-ce pas que tu me détesteras davantage encore, et ce sera trop juste. Mais n'est-ce pas que tu ne mourras point?

— Allez, allez, dit Bathilde en jetant ses bras autour du cou de Buvat et en lui donnant un baiser dans lequel quinze ans de reconnaissance luttaient avec un jour de douleur, allez, mes jours sont entre les mains de Dieu; c'est lui qui décidera si je dois vivre ou mourir.

Buvat ne comprit dans tout cela que le baiser qu'il venait de recevoir; il lui sembla que si Bathilde lui en voulait beaucoup, elle ne l'embrasserait pas ; et, à demi-consolé, il prit sa canne et son chapeau, s'informa à madame Denis du costume du chevalier, et se mit en quête de la route qu'il avait prise.

Ce n'était pas chose facile, surtout pour un investigateur aussi naïf que l'était Buvat, que de suivre la piste de Raoul : il apprit bien d'une voisine qu'on l'avait vu sauter sur un cheval gris qui était resté une demi-heure à peu près attaché au contrevent, et qu'il avait tourné par la rue du Gros-Chenet. Un épicier de sa connaissance, qui demeurait au coin de la rue des Jeûneurs, se rappela bien avoir vu passer, au grand galop d'un cheval pareil à celui que l'on désignait, un cavalier dont le signalement se rapportait à merveille avec celui donné par Buvat ; enfin une fruitière, qui tenait boutique au coin du boulevard, jurait bien ses grands dieux qu'elle avait remarqué celui dont on lui demandait des nouvelles, et qu'il avait disparu à la descente de la Porte Saint-Denis; mais au-delà de ces trois renseignements, toutes les données devenaient vagues, incertaines, insaisissables; de sorte qu'après deux heures de recherches Buvat rentra chez madame Denis sans avoir autre chose à apprendre à Bathilde que, quelque part que fût allé d'Harmental, il y était allé par le boulevard Bonne-Nouvelle.

Buvat retrouva sa pupille plus agitée; pendant son absence le mal avait fait des progrès, et la crise prévue par le docteur se préparait. Bathilde avait les yeux ardents, le teint animé, les paroles brèves. Madame Denis venait d'envoyer chercher le médecin.

La pauvre femme n'était pas sans inquiétude elle-même; depuis long-temps elle se doutait que l'abbé Brigaud était mêlé à quelque machination, et ce qu'elle venait d'apprendre que d'Harmental n'était point un étudiant, mais un beau colonel, la confirmait dans ses conjectures, puisque c'était Brigaud qui avait conduit d'Harmental chez elle. Cette parité dans la situation n'avait pas peu contribué à attendrir son âme, excellente d'ailleurs, en faveur de Bathilde. Elle écouta donc avec avidité le peu de renseignements que Buvat rapportait à la malade, et comme ils étaient loin d'être assez positifs pour la calmer, elle lui promit, si, de son côté, elle apprenait quelque chose, de la tenir au courant.

Sur ces entrefaites le médecin arriva. Quelque puissance qu'il eût sur lui-même, il fut facile de voir qu'il trouvait l'état de Bathilde gravement empiré. Il pratiqua une saignée abondante, ordonna des boissons rafraîchissantes, et recommanda de faire veiller quelqu'un au chevet de la malade. Mesdemoiselles Émilie et Athénaïs, qui, à part leurs petits ridicules, étaient au fond d'excellentes filles, déclarèrent alors que ce soin les regardait et qu'elles passeraient la nuit près de Bathilde chacune à son tour. Émilie, en sa qualité d'aînée, réclama la première veillée, qui lui fut accordée sans conteste. Quant à Buvat, comme, à cause des soins qu'il fallait rendre à Bathilde, il ne pouvait rester dans la chambre, et que d'ailleurs ses soupirs étouffés et ses gémissements sourds n'étaient bons qu'à inquiéter la malade, on l'invita à remonter chez lui, ce qu'il ne consentit à faire que lorsque Bathilde elle-même l'en eut supplié.

La saignée avait un peu calmé Bathilde ; elle paraissait donc éprouver du mieux : madame Denis avait quitté la chambre, mademoiselle Athénaïs était rentrée chez elle ;

M. Boniface, après être revenu de la Morgue, où il avait été faire une visite au capitaine Roquefinette, était remonté à son cinquième. Émilie veillait au coin de la cheminée, lisant un petit livre qu'elle avait tiré de sa poche, lorsqu'on frappa à la porte deux coups assez pressés et assez forts pour dénoter une certaine agitation dans celui qui réclamait son introduction. Bathilde tressaillit et se leva sur son coude; Émilie fourra son livre dans sa poche, et ayant entendu le mouvement de la malade, accourut à son lit; puis il y eut un moment de silence, pendant lequel on entendit ouvrir et fermer deux ou trois portes, enfin une voix se fit entendre, et avant même qu'Émilie eût dit : Ce n'est pas la voix de M. Raoul, c'est celle de l'abbé Brigaud, Bathilde était retombée sur son oreiller.

Un instant après, madame Denis entr'ouvrit la porte, et d'une voix attérée appela

Émilie. Émilie sortit et laissa Bathilde seule.

Tout-à-coup Bathilde tressaillit. L'abbé était dans une chambre attenante à la sienne, et il lui avait semblé entendre prononcer le nom de Raoul. En même temps elle s'était rappelée avoir plusieurs fois vu l'abbé chez d'Harmental; elle savait que l'abbé était des plus familiers de madame du Maine : elle pensa donc que l'abbé pouvait apporter des nouvelles. Son premier mouvement fut de descendre en bas du lit, de passer une robe et d'aller demander des nouvelles ; mais elle pensa que si ces nouvelles étaient mauvaises, on ne les lui dirait pas, et que mieux valait tâcher d'entendre la conversation, qui paraissait des plus animées. En conséquence, elle appuya son oreille contre la boiserie, et, comme si toute sa vie était passée dans un seul sens, elle écouta ardemment ce qui se disait.

Brigaud rendait compte à madame Denis de ce qui s'était passé. Valef était accouru faubourg Saint-Antoine, n° 15, pour prévenir madame du Maine que tout avait échoué. Madame du Maine avait aussitôt rendu aux conjurés leur parole, invitant Malezieux et Brigaud à fuir chacun de son côté. Quant à elle, elle s'était retirée à l'Arsenal. Brigaud venait donc faire ses adieux à madame Denis ; il quittait Paris et allait tâcher de gagner l'Espagne, déguisé en colporteur.

Au milieu de son récit, interrompu par les exclamations de la pauvre madame Denis et de mesdemoiselles Émilie et Athénaïs, il avait semblé à l'abbé, au moment où il avait raconté la catastrophe de d'Harmental, entendre pousser un cri dans la chambre voisine, mais comme personne n'avait fait attention à ce cri, comme il ignorait que Bathilde fût là, il n'avait point attaché d'autre importance à ce bruit, sur la nature duquel il avait cru se tromper ; d'ailleurs Boniface, appelé à son tour, était entré juste dans ce moment là, et comme l'abbé avait un faible tout particulier pour Boniface, son apparition avait dirigé les sentiments de Brigaud vers des impressions toutes personnelles.

Cependant ce n'était pas l'heure des longs adieux. Brigaud désirait que le jour le trouvât le plus loin possible de Paris. Il prit donc congé de toute la famille Denis, n'emmenant avec lui que Boniface, qui avait déclaré qu'il voulait conduire son ami Brigaud jusqu'à la Barrière.

Comme ils ouvraient la porte qui donnait sur l'escalier, ils entendirent la voix du concierge qui semblait s'opposer au passage de quelqu'un, ils descendirent aussitôt pour s'informer de la cause de la discussion. Bathilde, les cheveux épars, les pieds nus, enveloppée dans une grande robe blanche, était debout sur l'escalier, essayant de sortir malgré les efforts du concierge. La pauvre enfant avait tout entendu, sa fièvre s'était changée en délire, elle voulait rejoindre Raoul, elle voulait le revoir, elle voulait mourir avec lui. Les trois femmes la prirent dans leurs bras. Un instant elle se débattit, articulant des mots sans suite, les joues brûlées par la fièvre, tandis que d'un autre côté elle grelottait de tous ses membres et que ses dents se froissaient. Mais bientôt ses forces s'épuisèrent, elle renversa sa tête en arrière, murmura encore le nom de Raoul et s'évanouit une seconde fois.

On envoya chercher de nouveau le médecin. Ce qu'il avait craint arrivait, une fièvre cérébrale venait de se déclarer. En ce moment on frappa à la porte : c'était Buvat, que Brigaud et Boniface avaient trouvé errant comme une âme en peine devant la maison, et qui, ne pouvant résister à son inquiétude, venait demander à rester dans un coin quelconque de l'appartement, où l'on voudrait, pourvu que d'heure en heure il eût des nouvelles de Bathilde. La pauvre famille était trop affectée elle-même pour ne pas comprendre la douleur des autres. Madame Denis fit signe à Buvat de s'asseoir dans un coin, et se retira dans sa chambre avec Athénaïs, laissant de nouveau Émilie pour garder la malade. Vers le point du jour, Boniface rentra ; il avait accompagné Brigaud jusqu'à la barrière d'Enfer, où l'abbé l'avait quitté, espérant, grâce au bon cheval sur lequel il était monté et au déguisement dont il était revêtu, gagner la frontière d'Espagne.

Le délire de Bathilde continuait : toute la nuit elle avait parlé de Raoul. Plusieurs fois elle avait prononcé le nom de Buvat, et toujours en l'accusant d'avoir tué son amant.

A chaque fois le pauvre écrivain, sans oser se défendre, sans oser répondre, sans oser se plaindre, avait silencieusement fondu en larmes, cherchant dans son esprit à réparer le mal qu'il avait fait; enfin le jour venu, il parut s'être arrêté à une résolution énergique Il s'approcha du lit, baisa la main fiévreuse de Bathilde, qui le regarda sans le reconnaître, et sortit.

Buvat venait en effet de prendre un parti extrême : c'était celui d'aller trouver Dubois, de lui tout dire, et de lui demander pour toute récompense, au lieu de son rappel d'appointements, au lieu de son avancement à la Bibliothèque, la grâce de d'Harmental. C'était bien le moins qu'on pût accorder à l'homme que le régent lui-même avait appelé le sauveur de la France. Buvat ne doutait donc point qu'il ne revînt bientôt avec cette bonne nouvelle, et que cette bonne nouvelle ne rendît la santé à Bathilde.

En conséquence Buvat remonta chez lui pour réparer le désordre de sa toilette qui se ressentait fort des événements de la veille et des émotions de la nuit ; d'ailleurs il n'osait point se présenter trop matin chez le premier ministre de peur de le déranger. Sa toilette achevée, comme il n'était encore que neuf heures, il entra un instant dans la chambre de Bathilde ; elle était telle que la jeune fille l'avait quittée la veille. Buvat s'assit sur la chaise qu'elle avait quittée, toucha les objets qu'elle touchait de préférence, baisa les pieds du crucifix qu'elle baisait tous les soirs : on eût dit un amant qui revoyait les lieux abandonnés par sa maîtresse.

Dix heures sonnèrent à la petite pendule : c'était l'heure à laquelle Buvat depuis plusieurs jours se rendait au Palais-Royal. La crainte d'être importun fit donc place à l'espoir d'être reçu comme il l'avait toujours été. Buvat prit donc sa canne et son chapeau, monta chez madame Denis pour savoir comment allait Bathilde depuis qu'il l'avait quittée ; elle ne cessait d'appeler Raoul, et le médecin la saignait pour la troisième fois Buvat poussa un profond soupir, leva ses gros yeux au ciel, comme pour le prendre à témoin qu'il allait faire tout ce qu'il pourrait pour apporter un prompt soulagement aux douleurs de sa pupille, et s'achemina vers le Palais-Royal.

Le moment était mal choisi : Dubois, qui depuis cinq ou six jours avait été constamment sur pied, souffrait horriblement de la maladie dont quelques mois après il devait mourir ; d'ailleurs il était de fort mauvaise humeur de ce que d'Harmental seul eût été pris, et il venait d'ordonner à Leblanc et à d'Argenson de mener le procès avec la plus grande activité, lorsque son valet de chambre, qui avait l'habitude de voir arriver tous les matins le digne copiste, annonça M. Buvat.

— Qu'est-ce que monsieur Buvat? demanda Dubois.

— C'est moi, Monseigneur, dit le pauvre écrivain en se hasardant à se glisser entre le valet de chambre et la porte, en inclinant sa bonne tête devant le premier ministre.

— Qui, vous? demanda Dubois comme s'il ne l'eût jamais vu.

— Comment, Monseigneur, demanda Buvat étonné, ne me reconnaissez-vous point? je viens vous faire mes compliments sur la découverte de la conspiration.

— J'ai assez de compliments comme cela; merci des vôtres, monsieur Buvat, dit Dubois d'un ton sec.

— Mais, Monseigneur, je viens aussi vous demander une grâce.

— Une grâce! Et à quel titre?

—Mais, dit Buvat en balbutiant, mais Monseigneur, souvenez-vous donc que vous m'avez promis une récompense.

— Une récompense! à toi, double drôle!

— Comment! Monseigneur, vous ne vous rappelez point, reprit Buvat de plus en plus effrayé, que vous m'avez dit vous-même, ici, dans ce cabinet, que j'avais ma fortune au bout des doigts.?

— Eh bien, aujourd'hui, dit Dubois, tu as ta vie dans tes jambes; car si tu ne décampes pas au plus vite...

— Mais, Monseigneur...

— Ah! tu raisonnes, drôle! s'écria Dubois en se soulevant d'une main sur le bras de son fauteuil et en étendant l'autre vers sa crosse d'archevêque. Attends! attends! tu vas voir.....

Buvat en avait assez vu : au geste menaçant du premier ministre, il comprit ce qui allait se passer et tourna les talons. Mais, si vite qu'il s'éloignât, il eut encore le temps d'entendre Dubois, qui, avec des jurements horribles, ordonnait au valet de chambre de le faire périr sous le bâton s'il se représentait jamais au Palais-Royal.

Buvat comprit que de ce côté tout était fini et qu'il lui fallait non seulement renoncer à l'espoir d'être utile à d'Harmental, mais encore qu'il ne serait plus même question de ce paiement d'arriérés qu'il avait déjà cru tenir; cet enchaînement de pensées le conduisit tout naturellement à songer que depuis plus de huit jours il n'avait point mis le pied à la Bibliothèque; il était dans le quartier, il résolut de faire une visite à son bureau, ne fût-ce que pour s'excuser auprès du conservateur en lui racontant la cause de son absence; mais là une dernière douleur plus terrible que les autres attendait Buvat : en ouvrant la porte de son bureau, il vit son fauteuil occupé; un étranger était à sa place.

Comme depuis quinze ans Buvat n'avait jamais été en retard d'une heure, le conservateur l'avait cru mort et l'avait remplacé.

Buvat avait perdu sa place à la Bibliothèque pour avoir sauvé la France.

C'était trop d'événements terribles les uns sur les autres. Buvat rentra à la maison presque aussi malade que Bathilde.

IX.

BONIFACE.

Cependant, comme nous l'avons dit, Dubois pressait le procès de d'Harmental, espérant que ses révélations lui donneraient des armes contre ceux qu'il voulait atteindre; mais d'Harmental se renfermait dans une dénégation absolue à l'égard des autres. Quant à celui qui lui était personnel à lui-même, il avouait tout, disant que la tentative qu'il avait essayée contre le régent était le résultat d'une vengeance particulière, vengeance excitée chez lui par l'injustice qui lui avait été faite lorsqu'on lui avait ôté son régiment. Quant aux hommes qui l'accompagnaient et qui lui avaient prêté main-forte dans cette entreprise, il déclarait que c'étaient deux pauvres diables de faux sauniers, qui ne savaient pas eux-mêmes quel était le personnage qu'ils escortaient. Tout cela n'était pas fort probable; mais il n'y avait pas moyen cependant de consigner sur les interrogatoires autre chose que les réponses de l'accusé; il en résultait, au grand désappointement de Dubois, que les véritables coupables échappaient à sa vengeance à l'abri des éternelles dénégations du chevalier, qui avait déclaré n'avoir vu qu'une fois ou deux M. et madame du Maine, et qui affirmait n'avoir jamais été chargé ni par l'un ni par l'autre d'aucune mission politique.

On avait arrêté successivement Laval, Pompadour et Valef, et on les avait conduits à la Bastille ; mais comme ils savaient qu'ils pouvaient compter sur le chevalier, et que d'avance le cas dans lequel ils se trouvaient avait été prévu et que chacun était convenu de ce qu'il devait dire, ils s'étaient tous renfermés dans une dénégation absolue, avouant leurs relations avec M. et madame du Maine, mais soutenant que ces relations s'étaient bornées de leur part à celles d'une respectueuse amitié. — Quant à d'Harmental, ils le connaissaient, disaient-ils, pour un homme d'honneur qui avait à se plaindre d'une grande injustice qui lui avait été faite, voilà tout : on les confronta successivement avec le chevalier ; mais cette confrontation n'eut d'autre résultat que d'affermir chacun dans son système de défense, en apprenant à chacun que ce système était religieusement suivi par ses compagnons.

Dubois était furieux ; il regorgeait de preuves pour l'affaire des états-généraux, mais cette affaire avait été coulée à fond par le lit de justice qui avait condamné les lettres de Philippe V, et dégradé les princes légitimes de leur rang ; chacun les regardait comme assez punis par ce jugement sans que l'on sévît une seconde fois contre eux pour une même cause. Dubois avait espéré alors sur les révélations de d'Harmental pour envelopper M. et madame du Maine dans un nouveau procès, plus grave que le premier, car cette fois il était question d'attentat direct, sinon à la vie du moins à la liberté du régent, mais l'obstination du chevalier était venue détruire ses espérances. Sa colère s'était donc retournée tout entière contre d'Harmental, et comme nous l'avons dit, il avait donné l'ordre à Leblanc et à d'Argenson de mener le procès avec la plus grande activité, ordre que ces deux magistrats suivaient avec leur ponctualité accoutumée.

Pendant ce temps, la maladie de Bathilde avait suivi un cours progressif, qui avait mis la pauvre enfant à deux doigts de la mort; mais enfin, la jeunesse et la force avaient triomphé du mal. A l'exaltation du délire avait succédé chez elle un abattement profond, une prostration complète: on eût dit que la fièvre seule la soutenait, et qu'en s'en allant, elle avait emmené la vie avec elle.

Cependant chaque jour amenait une amélioration, faible, il est vrai, mais cependant sensible aux yeux des bonnes gens qui environnaient la pauvre malade. Peu à peu elle avait reconnu ceux qui l'entouraient, puis elle leur avait tendu la main, puis elle leur avait adressé la parole. Cependant, au grand étonnement de tout le monde, on avait remarqué que Bathilde n'avait pas prononcé le nom de d'Harmental ; c'était, au reste, un grand soulagement que ce silence pour ceux qui l'entouraient, car, comme ils n'avaient à l'endroit du chevalier que de fort tristes nouvelles à apprendre à Bathilde, ils préféraient, comme on le comprend bien, qu'elle gardât le silence sur ce sujet ; chacun croyait donc, et le médecin tout le premier, que la jeune fille avait complètement oublié ce qui s'était passé, ou que si elle s'en souvenait, elle confondait la réalité avec les rêves de son délire.

Tout le monde était dans l'erreur, même le médecin. Voici ce qui était arrivé :

Un matin qu'on croyait Bathilde endormie et qu'on l'avait laissée un instant seule, Boniface qui, malgré la sévérité de sa voisine, conservait toujours un grand fond de tendresse à son égard, avait, comme c'était son habitude tous les matins depuis qu'elle était malade, entr'ouvert la porte et passé la tête pour demander de ses nouvelles : au grognement de Mirza, Bathilde s'était retournée, et, apercevant Boniface, avait aussitôt songé qu'elle saurait probablement de lui ce qu'elle demanderait vainement aux autres, c'est-à-dire ce qu'était devenu d'Harmental ; en conséquence, elle avait, tout en retenant Mirza, tendu sa main pâle et amaigrie à Boniface. Boniface l'avait prise tout en hésitant entre ses grosses mains rouges ; puis regardant la jeune fille tout en hochant la tête :

— Oh! oui, mademoiselle Bathilde, avait-il dit ; oui, vous avez bien eu raison : vous êtes une demoiselle, et moi, je ne suis qu'un gros paysan. C'était un beau seigneur qu'il vous fallait à vous, et vous ne pouviez pas m'aimer.

— Du moins comme vous l'entendiez, Boniface, dit Bathilde ; mais je puis vous aimer autrement.

— Bien vrai, mademoiselle Bathilde, bien vrai. Eh bien! aimez-moi comme vous voudrez pourvu que vous m'aimiez un peu.

— Je puis vous aimer comme un frère.

— Comme un frère! vous aimeriez ce pauvre Boniface comme un frère! et il pourrait vous aimer comme une sœur, lui; il pourrait vous prendre de temps en temps la main comme il vous la tient dans ce moment-ci ; il pourrait vous embrasser quelquefois comme il embrasse Mélie et Naïs. Oh! parlez, mademoiselle Bathilde, que faut-il faire pour cela?

— Mon ami, dit Bathilde.....

— Oh! elle m'a appelé son ami, dit Boniface, elle m'a appelé son ami; moi qui ai dit des horreurs d'elle; tenez, mademoiselle Bathilde, ne m'appelez pas votre ami, je ne suis pas digne de ce nom-là. Vous ne savez pas ce que j'ai dit; j'ai dit que vous viviez avec un vieux, mais je n'en croyais rien, mademoiselle Bathilde, parole d'honneur; voyez-vous, c'était la colère, c'était la rage. Mademoiselle Bathilde, appelez-moi gueux, appelez-moi scélérat. Tenez, ça me fera moins de peine que de vous entendre m'appeler votre ami. Ah! scélérat de Boniface! Ah! gueux de Boniface!

— Mon ami, dit Bathilde, si vous avez dit tout cela, je vous pardonne, car aujourd'hui, non seulement vous pouvez réparer ce tort, mais encore acquérir des droits éternels à ma reconnaissance.

— Et que faut-il faire pour cela? Voyons, dites; faut-il passer dans le feu? faut-il sauter par la fenêtre du deuxième? faut-il.....? je ne sais pas quoi, je le ferai, dites? n'importe, ça m'est égal. Dites, je vous supplie...

— Non, mon ami, dit Bathilde, ce que j'ai à vous demander est plus facile à faire que tout cela.

— Dites alors, dites, mademoiselle Bathilde.

— Et cependant il faut me jurer d'abord que vous le ferez.

— En vérité Dieu, mademoiselle Bathilde.

— Quelque chose qu'on vous dise pour vous en empêcher?

— Moi, m'empêcher de faire quelque chose que vous me demanderez? Jamais, au grand jamais!

— Quelle que soit la douleur que j'en doive éprouver?

— Ah! ça c'est autre chose, mademoiselle Bathilde! Non, si cela doit vous faire de la peine : j'aime mieux qu'on me coupe en quatre.

— Mais si je vous en prie, mon ami, mon frère, dit Bathilde de sa voix la plus persuasive.

— Oh! si vous me parlez comme cela, oh! vous allez me faire pleurer comme la fontaine des Innocents. Oh, tenez! voilà que ça coule.

Et Boniface se mit à sangloter.

— Vous me direz donc tout, mon cher Boniface?

— Oh! tout, tout!

— Eh bien! dites-moi d'abord... Bathilde s'arrêta.

— Quoi?

— Vous ne devinez pas, Boniface?

— Oh, si fait. Je m'en doute bien, allez! Vous voulez savoir ce qu'est devenu M. Raoul, n'est-ce pas?

— Oui, oui! s'écria Bathilde; oui, au nom du ciel! qu'est-il devenu?

— Pauvre garçon, murmura Boniface.

— Mon Dieu, serait-il mort? demanda Bathilde en se dressant sur son lit.

— Non, heureusement non; mais il est prisonnier.

— Où cela?

— A la Bastille.

— Je m'en doutais, répondit Bathilde en retombant sur son lit, à la Bastille, mon Dieu! mon Dieu!

— Allons, voilà que vous pleurez à présent; mademoiselle Bathilde, mademoiselle Bathilde!

— Et je suis là! s'écria Bathilde, là, dans ce lit, mourante, enchaînée!

— Oh! ne pleurez donc pas comme ça, mademoiselle Bathilde, c'est votre pauvre Boniface qui vous en prie.

— Non, non, je serai forte, j'aurai du courage. Vois, Boniface, je ne pleure plus.

— Elle m'a tutoyé! s'écria Boniface.

— Mais tu comprends, continua Bathilde avec une exaltation toujours croissante, car la fièvre la reprenait, tu comprends, mon bon ami, il faut que je sache tout, heure par heure, afin que le jour où il mourra je puisse mourir.

— Vous, mourir! mademoiselle Bathilde, jamais, jamais!

— Je lui ai promis, dit Bathilde, je lui ai juré. Boniface, tu me tiendras au courant de tout, n'est-ce pas?

— Oh! mon Dieu, mon Dieu! que je suis malheureux de vous avoir promis cela!

— Et puis, s'il le faut, au moment... au moment terrible... tu m'aideras... tu me conduiras, n'est-ce pas, Boniface?... Il faut que je le revoie... une fois..., une fois encore..... fût-ce sur l'échafaud.

— Tout ce que vous voudrez, tout, tout, s'écria Boniface en tombant à genoux et en cherchant vainement à contenir ses sanglots.

— Tu me le promets?

— Je vous le jure.

— Silence, on vient. Pas un mot : c'est un secret entre nous deux.

— Oui... oui... entre nous deux.

— C'est bien, relevez-vous, essuyez vos yeux, faites comme moi : souriez.

Et Bathilde se mit à rire avec une agitation fébrile effrayante à voir. Heureusement c'était Buvat qui entrait. Boniface profita de cette entrée pour sortir.

— Eh bien, comment cela va-t-il? demanda le bonhomme.

— Mieux, petit père, mieux, dit Bathilde. Je sens que la force me revient et que dans quelques jours je pourrai me lever. Mais vous, petit père, pourquoi n'allez-vous pas à votre bureau? — Buvat poussa un gémissement. — C'était bon quand j'étais malade, de ne pas me quitter... Mais maintenant que je vais mieux, il faut retourner à la Bibliothèque, entendez-vous, petit père?

— Oui, mon enfant, oui, dit Buvat en dévorant ses larmes..... Oui, j'y vais.

— Et bien, vous ne venez pas m'embrasser?

— Si, si... au contraire.

— Allons, voilà que vous pleurez... Mais vous voyez bien que je vais mieux. Voulez-vous donc me faire mourir de chagrin?

— Moi, je pleure, dit Buvat en se tamponnant les yeux avec son mouchoir; moi je pleure; alors si je pleure, c'est de joie. Oui, j'y vais, mon enfant, à mon bureau, j'y vais.

Et Buvat, après avoir embrassé Bathilde, remonta chez lui, car il ne voulait pas dire à la pauvre enfant qu'il avait perdu sa place, et la jeune fille se retrouva seule.

Alors elle respira plus librement : maintenant elle était tranquille ; Boniface, en sa qualité de clerc d'un procureur au Châtelet, était à même de savoir tout ce qui se passait, et Bathilde était sûre que Boniface lui dirait tout. En effet, à partir du lendemain, elle sut que Raoul avait été interrogé et qu'il avait tout pris sur son compte ; puis le jour suivant elle apprit qu'il avait été confronté avec Valef, Laval et Pompadour, mais que cette confrontation n'avait rien amené. Enfin, fidèle à sa promesse, Boniface chaque soir lui apportait les nouvelles de la journée, et chaque soir Bathilde, à ce récit, quelque alarmant qu'il fût, se sentait reprendre de nouvelles forces. Quinze jours se passèrent ainsi. Au bout de quinze jours, Bathilde commençait à se lever et à marcher dans la chambre, à la grande joie de Buvat, de Nanette et de toute la famille Denis.

Un jour, Boniface, contre son habitude,

revint à trois heures de chez M⁵ Joullu, et entra dans la chambre de la malade : le pauvre garçon était si pâle et si défait, que Bathilde comprit qu'il apportait quelque terrible nouvelle, et jetant un cri, se leva tout debout et les yeux fixés sur lui.

— Tout est donc fini, dit-elle?

— Hélas! répondit Boniface, c'est sa faute aussi à cet entêté-là. On lui offrait sa grâce, comprenez-vous, mademoiselle Bathilde, sa grâce s'il voulait, et il n'a rien voulu dire.

— Ainsi, s'écria Bathilde, ainsi plus d'espoir, il est condamné.

— De ce matin, mademoiselle Bathilde, de ce matin.

— A mort?

Boniface fit un signe de tête.

— Et quand l'exécute-t-on?

— Demain, à huit heures du matin.

— Bien, dit Bathilde.

— Mais il y a peut-être encore de l'espoir, dit Boniface.

— Lequel? demanda Bathilde.

— Si d'ici là il se décidait à dénoncer ses complices...

La jeune fille se mit à rire, mais d'un rire si étrange, que Boniface en frissonna de la tête aux pieds.

— Enfin, dit Boniface, qui sait. Moi, à sa place, par exemple, je n'y manquerais pas. Je dirais : c'est pas moi, parole d'honneur, c'est pas moi; c'est un tel, un tel, et puis encore un tel.

— Boniface, dit Bathilde, il faut que je sorte.

— Vous, mademoiselle Bathilde, s'écria Boniface effrayé; vous, sortir! mais c'est vous tuer que de sortir.

— Il faut que je sorte, vous dis-je.

— Mais vous ne pouvez pas vous tenir sur vos jambes.

— Vous vous trompez, Boniface, je suis forte, voyez.

Et Bathilde se mit à marcher par la chambre d'un pas ferme et assuré.

— D'ailleurs, reprit Bathilde, vous allez aller me chercher un carrosse de place.

— Mais, mademoiselle Bathilde....

— Boniface, vous avez promis de m'obéir, dit la jeune fille. Jusqu'à cette heure vous m'avez tenu parole : êtes-vous las de votre dévoûment?

— Moi, mademoiselle Bathilde, moi, las de mon dévoûment pour vous! Que le bon Dieu me punisse s'il y a un mot de vrai dans ce que vous me dites-là. Vous me demandez un carrosse, je vais en chercher deux.

— Allez, mon ami, dit la jeune fille; allez, mon frère.

— Oh! tenez, mademoiselle Bathilde, avec ces paroles-là, voyez-vous, vous me feriez faire tout ce que vous voudriez. Dans cinq minutes le carrosse sera ici.

Et Boniface sortit en courant.

Bathilde avait une grande robe blanche flottante ; elle la serra avec une ceinture, jeta un mantelet sur ses épaules et s'apprêta à sortir. Comme elle s'avançait vers la porte, madame Denis entra.

— Oh! mon Dieu, ma chère enfant, s'écria la bonne femme, qu'allez-vous faire?

— Madame, dit Bathilde, il faut que je sorte.

— Sortir..... mais vous êtes folle?

—Vous vous trompez, madame; j'ai toute ma raison, dit Bathilde en souriant avec tristesse; seulement peut-être me rendriez-vous insensée en essayant de me retenir.

— Mais enfin, où allez-vous, ma chère enfant?

— Ne savez-vous pas qu'il est condamné, Madame ?

— Oh! mon Dieu, mon Dieu, qui vous a dit cela? J'avais tant recommandé à tout le monde de vous cacher cette horrible nouvelle?

— Oui, et demain, n'est-ce pas, vous m'auriez dit qu'il était mort? Et je vous aurais répondu : C'est vous qui l'avez tué, car, moi, j'ai un moyen de le sauver peut-être.

— Vous, vous, mon enfant, vous avez un moyen de le sauver?

— J'ai dit peut-être, Madame. Laissez-moi donc tenter ce moyen, car c'est le seul qui me reste.

— Allez, mon enfant, dit madame Denis, dominée par le ton inspiré de Bathilde. Allez, et que Dieu vous conduise.

Et madame Denis se rangea pour laisser passer Bathilde.

Bathilde sortit, descendit l'escalier d'un pas

lent, mais ferme, traversa la rue, monta ses quatre étages, sans se reposer, et ouvrit la porte de sa chambre, où elle n'était pas entrée depuis le jour de la catastrophe. Au bruit qu'elle fit en entrant, Nanette sortit du cabinet et poussa un cri : elle croyait voir le fantôme de sa jeune maîtresse.

— Eh bien, demanda Bathilde d'un ton grave, qu'as tu donc, ma bonne Nanette ?

— Oh! mon Dieu, s'écria la pauvre femme toute tremblante, est-ce bien vous, notre demoiselle, ou bien n'est-ce que votre ombre?

— C'est moi, Nanette, moi-même, touche-moi plutôt en m'embrassant. Dieu merci! je ne suis pas morte encore.

— Et pourquoi avez-vous quitté la maison des Denis, est-ce qu'ils vous auraient dit quelque chose qui n'était point à dire?

— Non, ma bonne Nanette, non, mais il faut que je fasse une course nécessaire, indispensable.

— Vous, sortir dans l'état où vous êtes, jamais, ce serait vous tuer que de le souffrir; M. Buvat, M. Buvat, voilà notre demoiselle qui veut sortir, venez donc lui dire que cela ne se peut pas.

Bathilde se retourna vers Buvat, avec l'intention d'employer son ascendant sur lui s'il tentait de l'arrêter, mais elle lui vit une figure si bouleversée, qu'elle ne douta point qu'il ne sût la fatale nouvelle. De son côté, Buvat en l'apercevant fondit en larmes.

— Mon père, dit Bathilde, ce qui a été fait jusqu'aujourd'hui, est l'ouvrage des hommes, mais l'œuvre des hommes est finie, et ce qui reste à faire appartient à Dieu. Mon père, Dieu aura pitié de nous.

— Oh! s'écria Buvat, en tombant sur un fauteuil, c'est moi qui l'ai tuée, c'est moi qui l'ai tuée, c'est moi qui l'ai tuée.

Bathilde alla gravement à lui et l'embrassa au front.

— Mais que vas-tu faire, mon enfant? demanda Buvat.

— Mon devoir, répondit Bathilde.

Et elle ouvrit une petite armoire qui était dans le prie-dieu, y prit un portefeuille noir, le déplia et en tira une lettre.

— Oh! tu as raison, tu as raison, mon enfant, s'écria Buvat; j'avais oublié cette lettre.

— Je m'en souvenais, moi, dit Bathilde en baisant la lettre et en la mettant sur son cœur; car c'est le seul héritage que m'a laissé ma mère.

En ce moment on entendit le bruit du carrosse qui s'arrêtait à la porte.

— Adieu, mon père, adieu! Nanette, dit Bathilde, priez Dieu tous deux que je réussisse.

Et Bathilde s'éloigna avec cette gravité solennelle qui faisait d'elle, pour ceux qui la voyaient en ce moment, quelque chose de pareil à une sainte.

A la porte elle trouva Boniface qui l'attendait avec le carrosse.

— Irais-je avec vous, mademoiselle Bathilde? demanda Boniface.

— Non, mon ami, dit Bathilde en lui tendant la main, non, pas ce soir; demain, peut-être?...

Et elle monta dans le carrosse.

Où faut-il vous mener, notre belle demoiselle? demanda le cocher.

— A l'Arsenal, répondit Bathilde.

X.

LES TROIS VISITES.

Arrivée à l'Arsenal, Bathilde fit demander mademoiselle Delaunay, qui, sur sa prière, la conduisit aussitôt à madame du Maine.

— Ah! c'est vous, mon enfant, dit la duchesse d'une voix distraite et d'un air agité. C'est bien de se rappeler ses amis lorsqu'ils sont dans le malheur.

— Hélas! Madame, répondit Bathilde, je viens près de Votre Altesse royale pour lui parler d'un plus malheureux qu'elle encore. Sans doute, Votre Altesse royale a perdu quelques-uns de ses titres, quelques-unes de ses dignités; mais là s'arrêtera la vengeance, car nul n'osera attenter à la vie ou même à la liberté du fils de Louis XIV, ou de la petite-fille du grand Condé.

— A la vie, non, dit la duchesse du Maine, non; mais à la liberté, je n'en répondrais pas. Comprenez-vous cet imbécile d'abbé Brigaud qui se fait arrêter en colporteur, il y a trois jours, à Orléans, et qui, sur de fausses révélations qu'on lui présente comme venant de moi, avoue tout, et nous compromet affreusement; de sorte que je ne serais pas étonnée que cette nuit même on nous arrêtât.

— Celui pour lequel je viens implorer votre pitié, Madame, dit Bathilde, n'a rien révélé, lui, et est condamné à mort pour au contraire avoir gardé le silence.

— Ah! ma chère enfant, s'écria la duchesse, vous voulez parler de ce pauvre d'Hrmental; oui, je le sais, c'est un gentilhomme, celui-là. Vous le connaissez donc?

— Hélas! dit mademoiselle Delaunay, non seulement Bathilde le connaît, mais elle l'aime.

— Pauvre enfant! Mon Dieu, mais que faire? Moi, vous comprenez bien, je ne puis rien, je n'ai aucun crédit. Tenter une démarche en sa faveur, c'est lui ôter son dernier espoir s'il lui en reste un.

— Je le sais bien, Madame, dit Bathilde; aussi je ne viens demander à Votre Altesse qu'une chose : c'est par quelqu'un de ses amis, par quelqu'une de ses connaissances, au moyen de ses anciennes relations, c'est de m'introduire auprès de monseigneur le régent.

Le reste me regarde.

— Mais, mon enfant, savez-vous ce que vous me demandez-là! dit la duchesse; savez-vous que le régent ne respecte rien! Savez-vous que vous êtes belle comme un ange, et que votre pâleur même vous va à ravir! savez-vous...

— Madame, dit Bathilde avec une dignité suprême, je sais que mon père lui a sauvé la vie et est mort à son service.

— Ah! ceci c'est autre chose, dit la duchesse. Attendez; voyons, comment faire? Oui, c'est cela. Delaunay, appelle Malezieux.

Mademoiselle Delaunay obéit, et un instant après le fidèle chancelier entra.

— Malezieux, dit la duchesse, voilà un enfant que vous allez conduire à la duchesse de Berry à qui vous la recommanderez de ma part. Il faut qu'elle voie le régent, et cela sur l'heure, vous entendez? Il s'agit de la vie d'un homme. Et tenez, de celle de ce cher d'Harmental, que je donnerais moi-même tant de choses pour sauver.

— J'y vais, Madame, dit Malezieux.

— Vous le voyez, mon enfant, dit la duchesse, je fais tout ce que je puis faire; si je puis vous être utile à autre chose, si pour séduire un geôlier, si pour préparer sa fuite vous avez besoin d'argent, je n'en ai pas beaucoup, mais il me reste quelques diamants, et ils ne pourraient jamais être mieux employés qu'à sauver la vie d'un si brave gentilhomme. Allons, ne perdez pas de temps, embrassez-moi et allez trouver ma nièce; vous savez que c'est la favorite de son père.

— Oh! Madame, dit Bathilde, je sais que vous êtes un ange, et si je réussis, je vous devrai plus que ma vie.

— Pauvre petite! dit la duchesse en regardant Bathilde s'éloigner; puis, lorsqu'elle eut disparu :

— Allons, Delaunay, continua madame du Maine qui effectivement s'attendait à être arrêtée d'un moment à l'autre, reprenons nos malles.

Pendant ce temps, Bathilde, accompagnée de Malezieux, était remontée dans sa voiture, et avait pris le chemin du Luxembourg, où vingt minutes après elle était arrivée.

Grâce au patronage de Malezieux, Bathilde entra sans difficulté; on la fit passer dans un petit boudoir où on la pria d'attendre, tandis que le chancelier, introduit auprès de Son Altesse royale, la préviendrait de la grâce qu'on avait à lui demander. Malezieux s'acquitta de la commission avec tout le zèle qu'il portait aux choses recommandées par madame du Maine, et Bathilde n'avait pas attendu dix minutes qu'elle le vit rentrer avec la duchesse de Berri.

La duchesse avait un cœur excellent ; aussi avait-elle été vivement touchée du récit que lui avait fait Malezieux ; si bien que lorsqu'elle parut il n'y avait pas à se tromper sur l'intérêt que lui inspirait d'avance la jeune fille qui venait solliciter sa protection. Bathilde s'aperçut de ces dispositions bienveillantes, et vint à elle les mains jointes. La duchesse lui prit les mains. Bathilde voulut tomber à ses pieds, mais la duchesse la retint, et, l'embrassant au front :

— Ma pauvre enfant, lui dit-elle, que n'êtes-vous venue il y a huit jours !

— Et pourquoi il y a huit jours plutôt que maintenant, Madame ? demanda Bathilde avec anxiété.

— Parce qu'il y a huit jours je n'eusse cédé à personne le plaisir de vous conduire près de mon père, tandis qu'aujourd'hui c'est impossible.

— Impossible! Oh! mon Dieu! Et pourquoi cela? s'écria Bathilde.

— Mais vous ignorez donc que je suis en disgrâce complète depuis avant-hier, ma pauvre enfant! Hélas! toute princesse que je suis, j'ai été femme comme vous, comme vous j'ai eu le malheur d'aimer. Or, nous autres filles de race royale, vous le savez, notre cœur n'est point à nous, c'est une espèce de pierre qui fait partie du trésor de la couronne, et c'est un crime d'en disposer sans l'autorisation du roi ou de son premier ministre. J'ai disposé de mon cœur, et je n'ai rien à dire, car on me l'a pardonné; mais j'ai disposé de ma main, et on m'a punie. Depuis trois jours mon amant est mon époux, voyez l'étrange chose! on m'a fait un crime d'une action, dont en toute autre condition on m'eût louée. Mon père lui-même s'est laissé gagner à la colère générale, et depuis trois jours, c'est-à-dire depuis le moment où je devais pouvoir me présenter devant lui sans rougir, sa présence m'est interdite. Hier on m'a ôté ma garde : ce matin je me suis présentée au Palais-Royal, on m'a refusé la porte.

— Hélas! hélas! dit Bathilde, je suis bien malheureuse, car je n'avais d'espoir qu'en vous, Madame ; et je ne connais personne qui puisse m'introduire près de monseigneur le régent! Et c'est demain, Madame, demain à huit heures, qu'on tue celui que j'aime comme vous aimez M. de Riom! Oh! mon Dieu! mon Dieu! ayez compassion de moi, Madame, car si vous ne me prenez en pitié, je suis perdue, je suis condamnée!

— Mon Dieu, Riom, venez donc à notre aide, dit la duchesse en se retournant vers son mari qui entrait en ce moment, et en lui tendant la main; voilà une pauvre enfant qui a besoin de voir mon père à l'instant, sans retard ; sa vie dépend de cette entrevue : que dis-je, plus que sa vie ! la vie de l'homme qu'elle aime? Comment faire? voyons. Le neveu de Lauzun ne doit jamais être embarrassé, ce me semble. Riom, trouvez-nous un moyen, et s'il est possible, eh bien ! je vous aimerai encore davantage.

— J'en ai bien un, dit Riom en souriant.

— Oh ! Monsieur, s'écria Bathilde, oh ! dites-le-moi, et je vous serai éternellement reconnaissante.

— Voyons, dites, ajouta la duchesse de Berri d'une voix presque aussi pressante que l'était celle de Bathilde.

— Mais c'est qu'il compromet singulièrement votre sœur.

— Laquelle?

— Mademoiselle de Valois.

— Aglaé? comment cela?

— Oui, ne savez-vous pas qu'il y a de par le monde, une espèce de sorcier qui a le privilége de s'introduire auprès d'elle le jour comme la nuit, sans qu'on sache par où ni comment.

— Richelieu? C'est vrai, s'écria la duchesse de Berri; Richelieu peut nous tirer d'affaire. Mais...

— Mais... achevez, Madame, je vous supplie! Mais il ne voudra pas, peut-être.

— J'en ai peur, répondit la duchesse.

— Oh! je le prierai tant qu'il aura pitié de moi, s'écria Bathilde. D'ailleurs vous me donnerez un mot pour lui, n'est-ce pas? Votre Altesse aura cette bonté, et il n'osera refuser ce que lui demandera Votre Altesse.

— Faisons mieux que cela, dit la duchesse. Riom, faites appeler madame de Mouchy, priez-la de conduire elle-même mademoiselle chez le duc. Madame de Mouchy est ma première dame d'honneur, mon enfant, continua la duchesse tandis que Riom accomplissait l'ordre qu'il venait de recevoir, et on assure que M. de Richelieu lui doit quelque reconnaissance. Vous voyez donc que je ne puis vous choisir une meilleure introductrice.

— Oh! merci, madame, s'écria Bathilde en baisant les mains de la duchesse, merci! Oui, vous avez raison, et tout espoir n'est pas encore perdu. Et vous dites que M. le duc de Richelieu a un moyen de s'introduire au Palais-Royal?

— Un instant, entendons-nous : je ne le dis pas, on le dit.

— Oh! mon Dieu! dit Bathilde, pourvu que nous le trouvions chez lui!

— Ceci, par exemple, ce sera une chance. Mais oui. Quelle heure est-il? Huit heures à peine? Oui, il soupe probablement en ville et rentrera pour faire sa toilette. Je dirai à madame de Mouchy de l'attendre avec vous. N'est-ce pas, charmante? continua la duchesse en apercevant sa dame d'honneur, et en la saluant du nom d'amitié qu'elle avait l'habitude de lui donner, n'est-ce pas que tu attendras le duc jusqu'à ce qu'il rentre?

— Je ferai tout ce qu'ordonnera Votre Altesse, dit madame de Mouchy.

— Eh bien! je t'ordonne, entends-tu? je t'ordonne d'obtenir du duc de Richelieu qu'il introduise Mademoiselle près du régent, et je t'autorise à user, pour le décider, de toute l'autorité que tu peux avoir sur son esprit.

— Madame la duchesse va bien loin, dit en souriant madame de Mouchy.

— Va, va, dit la duchesse, fais ce que je te dis ; je prends tout sur mon compte. Et vous, mon enfant, bon courage! suivez Madame, et si vous entendez dire sur votre chemin par trop de mal de cette pauvre duchesse de Berri à qui on en veut tant, parce qu'elle a reçu un jour les ambassadeurs sur un trône élevé de trois marches, et qu'elle a traversé un autre jour tout Paris, escortée de quatre trompettes, dites à ceux qui crieront anathème sur moi, que je suis une bonne femme au fond, que, malgré toutes les excommunications, j'espère qu'il me sera remis beaucoup, parce que j'ai beaucoup aimé, n'est-ce pas, Riom?

— Oh! Madame, s'écria Bathilde, je ne sais si l'on dit du bien ou du mal de vous, mais je sais que je voudrais baiser la trace de vos pas, tant vous me semblez bonne et grande!

— Allez, mon enfant, allez. Si vous manquiez M. de Richelieu, il est probable que vous ne sauriez où le trouver, et que vous attendriez inutilement qu'il rentrât.

— Puisque Son Altesse le permet, venez donc vite, Madame, dit Bathilde en entraînant madame de Mouchy, car en ce moment chaque minute a pour moi la valeur d'une année.

Un quart d'heure après, Bathilde et madame de Mouchy étaient à l'hôtel Richelieu. Contre toute attente, le duc était chez lui. Madame de Mouchy se fit annoncer. Elle fut introduite aussitôt; et elle entra suivie de Bathilde. Les deux femmes trouvèrent M. de Richelieu occupé avec Raffé, son secrétaire, à brûler une foule de lettres inutiles, et à en mettre quelques autres à part.

— Eh bon Dieu! Madame, dit le duc en apercevant madame de Mouchy, en venant à elle le sourire sur les lèvres, quel bon vent vous amène, et à quel événement dois-je cette bonne fortune de vous recevoir chez moi à huit heures et demie du soir?

— Au désir de vous faire faire une belle action, duc.

— Ah! vraiment, en ce cas pressez-vous, Madame.

— Est-ce que vous quittez Paris ce soir, par hasard?

— Non, mais je pars demain matin pour la Bastille.

— Quelle est cette plaisanterie ?

— Je vous prie de croire, Madame, que je ne plaisante jamais quand il s'agit de quitter mon hôtel, où je suis très bien, pour celui du roi où je suis très mal. Je le connais, c'est la troisième fois que j'y retourne.

— Mais, qui peut faire croire que vous serez arrêté demain ?

— J'ai été prévenu.

— Par une personne sûre ?

— Jugez-en.

Et le duc présenta une lettre à madame de Mouchy qui la prit et qui lut :

« Innocent ou coupable, il ne vous reste que le temps de prendre la fuite. Demain, vous serez arrêté; le régent vient de dire tout haut devant moi qu'il tenait enfin le duc de Richelieu. »

— Croyez-vous que la personne soit en position d'être bien informée?

— Oui, car je crois reconnaître l'écriture.

— Vous voyez donc bien que j'avais raison de vous dire de vous presser. Maintenant, si c'est une chose qui puisse se faire dans l'espace d'une nuit, parlez; je suis à vos ordres.

— Une heure suffira.

— Dites donc alors. Vous savez, Madame, que je n'ai rien à vous refuser.

— Eh bien! dit madame de Mouchy, voici la chose en deux mots. Comptiez-vous aller remercier ce soir la personne qui vous a donné cet avis?

— Peut-être, dit en riant le duc.

— Eh bien! il faut que vous lui présentiez mademoiselle.

— Mademoiselle, dit le duc étonné en se

retournant vers Bathilde qui jusque-là s'était tenue en arrière et cachée à demi dans l'obscurité. Et quelle est mademoiselle?

— Une pauvre jeune fille qui aime le chevalier d'Harmental qu'on doit exécuter demain, comme vous savez, et qui veut demander sa grâce au régent.

— Vous aimez le chevalier d'Harmental, mademoiselle? dit le duc de Richelieu, s'adressant à Bathilde.

— Oh! monsieur le duc, balbutia Bathilde en rougissant.

— Ne vous cachez pas, mademoiselle ; c'est un noble jeune homme, et je donnerais dix ans de ma vie pour le sauver moi-même. Et croyez-vous au moins avoir quelque moyen d'intéresser le régent en sa faveur ?

— Je le crois, monsieur le duc.

— Eh bien! soit. Cela me portera bonheur, Madame, continua le duc en s'adressant à madame de Mouchy, retournez vers S. A. R., mettez mes humbles hommages à ses pieds, et dites-lui de ma part que mademoiselle verra le régent dans une heure.

— Oh ! monsieur le duc ! s'écria Bathilde.

— Décidément, mon cher Richelieu, dit madame de Mouchy, je commence à croire, comme on le dit, que vous avez fait un pacte avec le diable pour passer par le trou des serrures, et je suis moins inquiète maintenant, je l'avoue, de vous voir partir pour la Bastille.

— En tous cas, dit le duc, vous savez, Madame, que la charité ordonne de visiter les prisonniers. Si, par hasard, il vous restait quelque souvenir du pauvre Armand...

— Silence, duc ; soyez discret, et l'on verra ce que l'on peut faire pour vous. En attendant, vous me promettez que mademoiselle verra le régent ?

— C'est chose convenue.

— En ce cas, adieu, duc, et que la Bastille vous soit légère !

— Est-ce bien adieu que vous me dites ?

— Au revoir.

— A la bonne heure !

Et le duc ayant baisé la main de madame de Mouchy, la conduisit vers la porte ; puis, revenant vers Bathilde :

— Mademoiselle, lui dit-il, ce que je vais faire pour vous, je ne le ferais pour personne. Le secret que je vais vous révéler, nul ne le connaît ; ce que je vais confier à vos yeux, c'est la réputation, c'est l'honneur d'une princesse du sang ; mais l'occasion est grave et mérite qu'on lui sacrifie quelques convenances. Jurez-moi donc que vous ne direz jamais, excepté à une seule personne, car je sais qu'il est des personnes pour lesquelles on n'a point de secrets, jurez-moi donc que vous ne direz jamais ce que vous allez voir, et que nul ne saura, excepté *lui*, de quelle façon vous êtes entrée chez le régent.

— Oh! monsieur le duc, je vous le jure, par tout ce que j'ai de plus sacré au monde, par le souvenir de ma mère!

— Cela suffit, Mademoiselle, dit le duc en tirant le cordon d'une sonnette.

Un valet de chambre entra.

— Lafosse, dit le duc, fais mettre les chevaux bais à la voiture sans armoiries.

— Monsieur le duc, dit Bathilde, si vous ne voulez pas perdre de temps, j'ai un carrosse de louage en bas.

— Eh bien! cela vaut encore mieux. Mademoiselle, je suis à vos ordres.

— Irais-je avec monsieur le duc? demanda le valet de chambre.

— Non, c'est inutile, reste avec Raffé, et aide-le à mettre de l'ordre dans tous ces papiers. Il y en a plusieurs qu'il est parfaitement inutile que Dubois voie.

Et le duc ayant offert son bras à Bathilde, descendit avec elle, la fit monter dans la voiture, et après avoir ordonné au cocher de s'arrêter au coin de la rue Saint-Honoré et de la rue de Richelieu, se plaça à son côté, aussi insoucieux que s'il n'eût pas su que ce sort auquel il allait essayer de soustraire le chevalier, l'attendait peut-être lui-même dans quinze jours.

XI.

L'ARMOIRE AUX CONFITURES.

La voiture s'arrêta à l'endroit indiqué; le cocher vint ouvrir la portière, et le duc descendit et aida Bathilde à descendre; puis, tirant une clé de sa poche, il ouvrit la porte de l'allée de la maison qui faisait l'angle de la rue de Richelieu et de la rue Saint-Honoré, et qui porte aujourd'hui le numéro 218.

— Je vous demande pardon, Mademoiselle, dit le duc en offrant le bras à la jeune fille, de vous conduire par des escaliers si mal éclairés ; mais je tiens beaucoup à ne pas être reconnu si par hasard on me rencontrait dans ce quartier-ci. Au reste nous n'avons pas haut à monter : il ne s'agit que d'atteindre le premier étage.

En effet, après avoir monté une vingtaine de marches, le duc s'arrêta, tira une seconde clé de sa poche, ouvrit la porte du palier avec le même mystère qu'il avait ouvert celle de la rue, et étant entré dans l'antichambre et y ayant pris une bougie, il revint l'allumer à la lanterne qui brûlait dans l'escalier.

— Encore une fois, pardon, Mademoiselle, dit le duc; mais ici, j'ai l'habitude de me servir moi-même, et vous allez comprendre tout-à-l'heure pourquoi, dans cet appartement, j'ai pris le parti de me passer de laquais.

Peu importait à Bathilde que le duc de Richelieu eût ou n'eût pas de domestique : elle entra donc dans l'antichambre sans lui répondre, et le duc referma la porte à double tour derrière elle.

— Maintenant, suivez-moi, dit le duc; et il marcha devant la jeune fille, l'éclairant avec la bougie qu'il tenait à la main.

Ils traversèrent ainsi une salle à manger et un salon; enfin ils entrèrent dans une chambre à coucher, et le duc s'arrêta.

— Mademoiselle, dit Richelieu en posant la bougie sur la cheminée, j'ai votre parole que rien de ce que vous allez voir ne sera jamais révélé.

— Je vous l'ai déjà donnée, monsieur le duc, et je vous la renouvelle. Oh! je serais trop ingrate si j'y manquais.

— Eh bien! donc, soyez en tiers dans notre

secret : c'est celui de l'amour, nous le mettons sous la sauvegarde de l'amour.

Et le duc de Richelieu, faisant glisser un panneau de la boiserie, découvrit une ouverture pratiquée dans la muraille au-delà de l'épaisseur de laquelle se trouvait le fond d'une armoire, et il y frappa doucement trois coups. Au bout d'un instant on entendit tourner la clé dans la serrure, puis on vit briller une lumière entre les planches ; puis une douce voix demanda : « Est-ce vous? » Puis enfin, sur la réponse affirmative du duc, trois de ces planches se détachèrent doucement, ouvrirent une communication facile d'une chambre à l'autre, et le duc de Richelieu et Bathilde se trouvèrent en face de mademoiselle de Valois, qui jeta un cri en voyant son amant accompagné d'une femme.

— Ne craignez rien, chère Aglaé, dit le duc

en passant de la chambre où il était dans la chambre voisine, et en saisissant la main de mademoiselle de Valois, tandis que Bathilde demeurait immobile à sa place, n'osant faire un pas de plus avant que sa présence fût expliquée. Vous me remercierez vous-même tout-à-l'heure d'avoir trahi le secret de notre bienheureuse armoire.

— Mais, monsieur le duc, m'expliquerez-vous?... demanda mademoiselle de Valois en faisant une pose après ces paroles interrogatives, et en regardant toujours Bathilde avec inquiétude.

— A l'instant même, ma belle princesse. Vous m'avez quelquefois entendu parler du chevalier d'Harmental, n'est-ce pas?

— Avant-hier encore, duc, vous me disiez qu'il n'aurait qu'un mot à prononcer pour sauver sa vie, en vous compromettant tous; mais que ce mot il ne le dirait pas.

— Eh bien! il ne l'a pas dit, et il est condamné à mort; on l'exécute demain. Cette jeune fille l'aime, et sa grâce dépend du régent. Comprenez-vous, maintenant?

— Oh! oui, oui, dit mademoiselle de Valois.

— Venez, Mademoiselle, dit le duc de Richelieu à Bathilde en l'attirant par la main; puis, se retournant vers la princesse : — Elle ne savait comment arriver jusqu'à votre père, ma chère Aglaé; elle s'est adressée à moi, juste au moment où je venais de recevoir votre lettre. J'avais à vous remercier du bon avis que vous me donniez, et comme je connais votre cœur, j'ai pensé que le remercîment auquel vous seriez le plus sensible serait de vous offrir l'occasion de sauver la vie à un homme au silence duquel vous devez probablement la mienne.

— Et vous avez eu raison, mon cher duc. Soyez la bienvenue, Mademoiselle. Maintenant, que désirez-vous? que puis-je faire pour vous?

— Je désire voir monseigneur le régent, dit Bathilde, et Votre Altesse peut me conduire près de lui.

— M'attendrez-vous, duc? demanda mademoiselle de Valois avec inquiétude.

— Pouvez-vous en douter!

— Alors, rentrez dans l'armoire aux confitures de peur que quelqu'un en entrant ici ne vous surprenne. Je conduis Mademoiselle près de mon père et je reviens.

— Je vous attends, dit le duc en suivant les instructions que lui donnait la princesse et en rentrant dans l'armoire.

Mademoiselle de Valois échangea quelques paroles à voix basse avec son amant, referma l'armoire, mit la clé dans sa poche, et tendant la main à Bathilde :

— Mademoiselle, dit-elle, toutes les femmes qui aiment sont sœurs. Armand et vous avez bien fait de compter sur moi. Venez.

Bathilde baisa la main que lui tendait mademoiselle de Valois et la suivit.

Les deux femmes traversèrent tous les appartements qui font face à la place du Palais-Royal, et, tournant à gauche, s'engagèrent dans ceux qui longent la rue de Valois. C'était dans cette partie que se trouvait la chambre à coucher du régent.

— Nous sommes arrivées, dit mademoiselle de Valois en s'arrêtant devant une porte et en regardant Bathilde, qui, à cette nouvelle, chancela et pâlit, car toute cette force morale qui l'avait soutenue depuis trois ou quatre heures était prête à disparaître juste au moment où elle allait en avoir le plus besoin.

— Oh! mon Dieu, mon Dieu! je n'oserai jamais! s'écria Bathilde.

— Voyons, Mademoiselle, du courage, mon père est bon; entrez, tombez à ses pieds : Dieu et son cœur feront le reste.

A ces mots, voyant que la jeune fille hésitait encore, elle ouvrit la porte, poussa Bathilde dans la chambre, et referma la porte derrière elle. Elle courut ensuite de son pas le plus léger rejoindre le duc de Richelieu, laissant la jeune fille plaider sa cause, tête à tête avec le régent.

A cette action imprévue Bathilde poussa un léger cri, et le régent qui se promenait de long en large la tête inclinée, la releva et se retourna.

— Bathilde, incapable de faire un pas de

plus, tomba sur ses deux genoux, tira sa lettre de sa poitrine et l'étendit vers le régent.

Le régent avait la vue mauvaise; il ne comprit pas bien ce qui se passait, et s'avança vers cette femme qui lui apparaissait dans l'ombre comme une forme blanche et indécise. Bientôt, dans cette forme inconnue d'abord, il reconnut une femme, et dans cette femme une jeune fille belle et suppliante. Quant à la pauvre enfant, elle voulait en vain articuler une prière; la voix lui manquait complètement, et bientôt la force lui manquant comme la voix, elle se renversa en arrière, et serait tombée sur le tapis si le régent ne l'eût retenue dans ses bras.

— Mon Dieu, Mademoiselle, dit le régent, chez lequel les signes d'une douleur profonde produisaient leur effet ordinaire; mon Dieu! qu'avez-vous donc, et que puis-je faire pour vous ? Venez, venez sur ce fauteuil, je vous en prie !

— Non, Monseigneur, non, murmura Bathilde, non, c'est à vos pieds que je dois être, car je viens vous demander une grâce.

— Une grâce ? Et laquelle ?....

— Voyez d'abord qui je suis, Monseigneur, dit Bathilde, et ensuite peut-être oserai-je parler. Et elle tendit la lettre, sur laquelle reposait son seul espoir, au duc d'Orléans.

Le régent prit la lettre, regardant tour à tour le papier et la jeune fille, et s'approchant d'une bougie qui brûlait sur la cheminée, reconnut sa propre écriture, reporta de nouveau ses yeux sur la jeune fille et lut ce qui suit :

« Madame, votre mari est mort pour la
« France et pour moi; ni la France ni moi ne
« pouvons vous rendre votre mari ; mais sou-
« venez-vous que si jamais vous aviez besoin

« de quelque chose, nous sommes tous les
« deux vos débiteurs.

« Votre affectionné,

PHILIPPE D'ORLÉANS. »

— Je reconnais parfaitement cette lettre pour être de moi, Mademoiselle, dit le régent ; mais, à la honte de ma mémoire, je vous en demande pardon, je ne me rappelle plus à qui elle a été écrite.

— Voyez l'adresse, Monseigneur, dit Bathilde un peu rassurée par l'expression de parfaite bienveillance peinte sur le visage du duc.

— Clarice du Rocher ! s'écria le régent.... Oui, en effet, je me rappelle maintenant. J'ai écrit cette lettre d'Espagne, après la mort d'Albert, qui a été tué à la bataille d'Almanza ; j'ai écrit cette lettre à sa veuve. Comment cette lettre se trouve-t-elle entre vos mains, mademoiselle?

— Hélas! Monseigneur, je suis la fille d'Albert et de Clarice.

— Vous, Mademoiselle! s'écria le régent, vous! Et qu'est devenue votre mère?

— Elle est morte, Monseigneur.

— Depuis longtemps?

— Depuis près de quatorze ans.

— Mais heureuse, sans doute, et sans avoir besoin de rien?

— Au désespoir, Monseigneur, et manquant de tout.

— Mais comment ne s'est-elle pas adressée à moi?

— Votre Altesse était encore en Espagne.

— Oh! mon Dieu! que me dites-vous là! Continuez, Mademoiselle, car vous ne pouvez vous imaginer combien ce que vous me dites m'intéresse! Pauvre Clarice, pauvre Albert! Ils s'aimaient tant, je me le rappelle! Elle n'aura pas pu lui survivre. Savez-vous que votre père m'avait sauvé la vie à Nerwinde, Mademoiselle, savez-vous cela?

— Oui, Monseigneur, je le savais, et voilà ce qui m'a donné le courage de me présenter devant vous.

— Mais vous, pauvre enfant, vous, pauvre orpheline, qu'êtes-vous devenue alors?

— Moi, Monseigneur, moi, j'ai été recueillie par un ami de notre famille, par un pauvre écrivain nommé Jean Buvat.

— Jean Buvat! s'écria le régent; mais attendez donc! Je connais ce nom-là, moi. Jean Buvat! mais c'est ce pauvre diable de copiste qui a découvert toute la conspiration et qui m'a fait il y a quelques jours ses réclamations en personne; une place à la Bibliothèque, n'est-ce pas? un arriéré dû?

— C'est cela même, Monseigneur.

— Mademoiselle, reprit le régent, il paraît que tout ce qui vous entoure est destiné à me sauver. Me voilà deux fois votre débiteur. Vous m'avez dit que vous aviez une grâce à me demander; parlez donc hardiment, je vous écoute.

— O mon Dieu! dit Bathilde, donnez-moi la force.

— C'est donc une chose bien importante et bien difficile que celle que vous souhaitez ?

— Monseigneur, dit Bathilde, c'est la vie d'un homme qui a mérité la mort.

— S'agirait-il du chevalier d'Harmental ? demanda le régent.

— Hélas! Monseigneur, c'est Votre Altesse qui l'a dit.

Le front du régent devint pensif, tandis que Bathilde, en voyant l'impression produite par cette demande, sentait son cœur se serrer et ses genoux faiblir.

— Est-il votre parent? votre allié? votre ami?

— Il est ma vie, il est mon âme, Monseigneur : Je l'aime!

— Mais savez-vous, si je fais grâce à lui, qu'il faut que je fasse grâce à tout le monde, et qu'il y a dans tout cela de plus grands coupables encore que lui?

— Grâce de la vie seulement, Monseigneur! qu'il ne meure pas, c'est tout ce que je vous demande.

— Mais si je commue sa peine en une prison perpétuelle, vous ne le verrez plus.

Bathilde se sentit prête à mourir et, étendant la main, se soutint au dossier d'un fauteuil.

— Que deviendrez-vous alors? continua le régent.

— Moi, dit Bathilde, j'entrerai dans un couvent, où je prierai, pendant le reste de ma vie, pour vous, Monseigneur, et pour lui.

— Cela ne se peut pas, dit le régent.

— Pourquoi donc, Monseigneur?

— Parce que, aujourd'hui même, il y a une heure, on m'a demandé votre main, et que je l'ai promise.

— Ma main, Monseigneur? vous avez promis ma main? et à qui donc, mon Dieu!

— Lisez, dit le régent en prenant une lettre sur son bureau, et en la présentant tout ouverte à la jeune fille.

— Raoul! s'écria Bathilde; l'écriture de Raoul! Oh! mon Dieu! qu'est-ce que cela veut dire?

— Lisez, reprit le régent.

Et Bathilde, d'une voix altérée, lut la lettre suivante :

« Monseigneur,

« J'ai mérité la mort, je le sais, et ne viens
« point vous demander la vie. Je suis prêt à
« mourir au jour fixé, à l'heure dite, mais il
« dépend de Votre Altesse de me rendre cette
« mort plus douce, et je viens la supplier à
« genoux de m'accorder cette faveur.

« J'aime une jeune fille que j'eusse épousée
« si j'eusse vécu. Permettez qu'elle soit ma
« femme quand je vais mourir. Au moment
« où je la quitte pour toujours, où je la
« laisse seule et isolée au milieu du monde,
« que j'aie au moins la consolation de lui lais-
« ser pour sauve-garde mon nom et ma for-
« tune. En sortant de l'église, Monseigneur,
« je marcherai à l'échafaud.

« C'est mon dernier vœu, c'est mon seul

« désir ; ne refusez pas la prière d'un mou-
« rant.

Raoul d'Harmental. »

— Oh ! Monseigneur, Monseigneur, dit Bathilde en éclatant en sanglots, vous voyez, tandis que je pensais à lui, il pensait à moi ! N'ai-je pas raison de l'aimer, quand il m'aime tant !

— Oui, dit le régent, et je lui accorde sa demande ; elle est juste. Puisse cette grâce, comme il le dit, adoucir ses derniers moments !

— Monseigneur, Monseigneur, s'écria la jeune fille, est-ce tout ce que vous lui accordez ?

— Vous voyez, dit le régent, que lui-même se rend justice et ne demande pas autre chose.

— Oh! c'est bien cruel! c'est bien affreux! Le revoir pour le perdre à l'instant même! Monseigneur, Monseigneur, sa vie! je vous en supplie, et que je ne le revoie jamais! J'aime mieux cela!

— Mademoiselle, dit le régent d'un ton qui ne permettait pas de réplique et en écrivant quelques lignes sur un papier qu'il cacheta de son sceau, voici une lettre pour M. de Launay, le gouverneur de la Bastille; elle contient mes instructions à l'égard du condamné. Mon capitaine des gardes va monter en voiture avec vous et veillera de ma part à ce que ces instructions soient suivies.

— Oh! sa vie, Monseigneur, sa vie, au nom du ciel, je vous en supplie à genoux!

Le régent sonna; un valet de chambre ouvrit la porte.

— Appelez M. le marquis de Lafare, dit le régent.

— Oh! Monseigneur, vous êtes bien cruel! dit Bathilde en se relevant. Alors, permettez-moi donc de mourir avec lui. Du moins nous ne serons pas séparés, même sur l'échafaud. Du moins nous ne nous quitterons pas, même dans la tombe!

— Monsieur de Lafare, dit le régent, accompagnez Mademoiselle à la Bastille. Voici une lettre pour M. de Launay; vous en prendrez connaissance avec lui, et vous veillerez à ce que les ordres qu'elle renferme soient exécutés de point en point.

Puis, sans écouter le dernier cri de désespoir de Bathilde, le duc d'Orléans ouvrit la porte d'un cabinet et disparut.

XII.

LE MARIAGE IN EXTREMIS.

Lafare entraîna la jeune fille presque mourante et la fit monter dans une des voitures tout attelées qui attendaient toujours dans la cour du Palais-Royal. Cette voiture partit aussitôt au galop, prenant par la rue de Cléry et par les boulevards le chemin de la Bastille.

Pendant toute la route Bathilde ne dit pas un mot : elle était muette, froide et inanimée comme une statue. Ses yeux étaient fixes et sans larmes : seulement, en arrivant en face de la forteresse, elle tressaillit ; il lui semblait avoir vu s'élever dans l'ombre, à la place même où avait été exécuté le chevalier de Rohan, quelque chose comme un échafaud. Un peu plus loin la sentinelle cria : Qui vive ! Puis on entendit la voiture rouler sur le pont-levis. Les herses se levèrent, la porte s'ouvrit et le carrosse s'arrêta à la porte de l'escalier qui conduisait chez le gouverneur.

Un valet de pied sans livrée vint ouvrir la portière, et Lafare aida Bathilde à descendre. A peine si elle pouvait se soutenir ; toute sa force morale s'était évanouie du moment où l'espoir l'avait quittée. Lafare et le valet de pied furent presque obligés de la porter au premier étage. M. de Launay soupait. On lit entrer Bathilde dans un salon, tandis qu'on introduisait immédiatement Lafare près du gouverneur.

Dix minutes à peu près s'écoulèrent pendant lesquelles Bathilde demeura anéantie sur le fauteuil où elle s'était laissée tomber en entrant. La pauvre enfant n'avait qu'une idée, c'était celle de cette séparation éternelle qui l'attendait ; la pauvre enfant ne voyait qu'une chose, c'était son amant montant sur l'échafaud.

Au bout de dix minutes, Lafare rentra avec le gouverneur. Bathilde leva machinalement la tête et les regarda d'un œil égaré. Lafare alors s'approcha d'elle et lui offrant le bras :

— Mademoiselle, dit-il, l'église est préparée et le prêtre vous y attend.

Bathilde, sans répondre, se leva pâle et glacée ; puis, comme elle sentit que les jambes lui manquaient, elle s'appuya sur le bras qui lui était offert. M. de Launay marchait le premier, éclairé par deux hommes qui portaient des torches.

Au moment où Bathilde entrait par une des portes latérales, elle aperçut, en entrant par l'autre porte, le chevalier d'Harmental, accompagné de son côté par Valef et par Pompadour. C'étaient les témoins de l'époux, comme M. de Launay et Lafare étaient les témoins de l'épouse. Chaque porte était gardée par deux gardes françaises, l'arme au bras et immobiles comme des statues.

Les deux amants s'avancèrent au devant l'un de l'autre, Bathilde pâle et mourante, Raoul calme et souriant. Arrivés en face de l'autel, le chevalier prit la main de la jeune fille et la conduisit aux deux sièges qui étaient préparés; et là tous deux tombèrent à genoux sans s'être dit une seule parole.

L'autel était éclairé par quatre cierges seulement, qui jetaient, dans cette chapelle déjà naturellement sombre et si peuplée encore de sombres souvenirs, une lueur funèbre qui donnait à la cérémonie quelque chose d'un office mortuaire. Le prêtre commença la messe. C'était un beau vieillard à cheveux blancs, dont la figure mélancolique indiquait que ses fonctions journalières laissaient de profondes traces dans son âme. En effet, il était chapelain de la Bastille depuis vingt-cinq ans et depuis vingt-cinq ans il avait entendu de bien tristes confessions et vu de bien lamentables spectacles.

Au moment de bénir les époux, il leur adressa quelques paroles selon l'habitude consacrée ; mais, au lieu de parler à l'époux de ses devoirs de mari, à l'épouse de ses devoirs de mère; au lieu d'ouvrir devant eux l'avenir de la vie, il leur parla de la paix du ciel, de la miséricorde divine et de la résurrection éternelle. Bathilde se sentait suffoquer. Raoul vit qu'elle allait éclater en sanglots, il lui prit la main et la regarda avec une si triste et si profonde résignation, que la pauvre enfant fit un dernier effort, étouffant ses larmes, qu'elle sentait retomber une à une sur son cœur. Au moment de la bénédiction, elle pencha sa tête sur l'épaule de Raoul. Le prêtre crut qu'elle s'évanouissait et s'arrêta.

— Achevez, achevez, mon père, murmura Bathilde.

Et le prêtre prononça les paroles sacramentelles, auxquelles tous deux répondirent par un *oui* dans lequel semblaient s'être réunies toutes les forces de leur âme.

La cérémonie terminée, d'Harmental demanda à M. de Launay s'il lui était permis de demeurer avec sa femme pendant le peu d'heures qu'il lui restait à vivre. M. de Launay répondit qu'il n'y voyait pas d'inconvénient, et qu'on allait le reconduire à sa chambre. Alors Raoul embrassa Valef et Pompadour, les remercia d'avoir bien voulu servir de témoin à son funèbre mariage, serra la main à Lafare, rendit grâce à M. de Launay des bontés qu'il avait eues pour lui pendant son séjour à la Bastille, et jetant son bras autour de la taille de Bathilde, qui, à chaque instant, menaçait de tomber de toute sa hauteur sur les dalles de l'église, l'entraîna vers la porte par laquelle il était entré. Là ils retrouvèrent les deux hommes armés de torches qui les précédèrent et les conduisirent jusqu'à la porte de la chambre de d'Harmental. Un guichetier attendait, qui ouvrit cette porte. Raoul et Bathilde entrèrent, puis la porte se referma et les deux époux se trouvèrent seuls.

Alors Bathilde, qui jusque-là avait contenu ses larmes, ne put résister plus longtemps à sa douleur ; un cri déchirant s'échappa de sa poitrine, et elle tomba, en se tordant les bras et en éclatant en sanglots, sur un fauteuil où sans doute, pendant ses trois semaines de captivité, d'Harmental avait bien souvent pensé à elle. Raoul se jeta à ses genoux et voulut la consoler; mais lui-même était trop ému de cette douleur si profonde pour trouver autre chose que des larmes à mêler aux larmes de Bathilde. Ce cœur de fer se fondit à son tour, et Bathilde sentit à la fois sur ses lèvres les pleurs et les baisers de son amant.

Ils étaient depuis une demi-heure à peine ensemble, qu'ils entendirent des pas qui s'approchaient de la porte, et qu'une clé tourna dans la serrure. Bathilde tressaillit et serra convulsivement d'Harmental contre son cœur. Raoul comprit quelle crainte affreuse venait de lui traverser l'esprit et la rassura. Ce ne pouvait être encore celui qu'elle craignait de voir, puisque l'exécution était fixée pour huit heures du matin, et que onze heures venaient de sonner. En effet, ce fut M. de Launay qui parut.

— Monsieur le chevalier, dit le gouverneur, ayez la bonté de me suivre.

— Seul? demanda d'Harmental en serrant à son tour Bathilde entre ses bras.

— Non, avec Madame, reprit le gouverneur.

— Oh! ensemble, ensemble! entends-tu, Raoul? s'écria Bathilde. Oh! où l'on voudra, pourvu que ce soit ensemble! Nous voici, Monsieur, nous voici!

Raoul serra une dernière fois Bathilde dans ses bras, lui donna un dernier baiser au front, et, rappelant tout son orgueil, il suivit M. de Launay, avec un visage sur lequel ne restait point la moindre trace de l'émotion terrible qu'il venait d'éprouver.

Tous trois suivirent pendant quelque temps

des corridors éclairés seulement par quelques lanternes rares, puis ils descendirent un escalier en spirale et se trouvèrent à la porte d'une tour. Cette porte donnait sur un préau entouré de hautes murailles et qui servait de promenade aux prisonniers qui n'étaient point au secret. Dans cette cour était une voiture attelée de deux chevaux, sur l'un desquels était un postillon, et l'on voyait reluire dans l'ombre les cuirasses d'une douzaine de mousquetaires.

Une même lueur d'espoir traversa en même temps le cœur des deux amants. Bathilde avait demandé au régent de commuer la mort de Raoul en une prison perpétuelle. Peut-être le régent lui avait-il accordé cette grâce. Cette voiture, tout attelée pour conduire sans doute le condamné dans quelque prison d'état, ce peloton de mousquetaires destinés sans doute à les escorter, tout cela donnait à cette supposition un caractère de réalité. Tous deux se regardèrent en même temps, et en même temps levèrent les yeux au ciel pour remercier Dieu du bonheur inespéré qu'il leur accordait. Pendant ce temps, M. de Launay avait fait signe à la voiture de s'approcher ; le postillon avait obéi, la portière s'était ouverte, et le gouverneur, la tête découverte, tendait la main à Bathilde pour l'aider à monter. Bathilde hésita un instant, se retournant avec inquiétude pour voir si l'on n'entraînait pas Raoul d'un autre côté; mais elle vit que Raoul s'apprêtait à la suivre, et elle monta sans résistance. Un instant après, Raoul était près d'elle. Aussitôt la portière se referma sur eux; la voiture s'ébranla, l'escorte piétina aux portières. On passa sous le guichet, puis sur le pont-levis, et enfin on se retrouva hors de la Bastille.

Les deux époux se jetèrent dans les bras

l'un de l'autre ; il n'y avait plus de doute, le régent faisait à d'Harmental grâce de la vie, et de plus, c'était évident, il consentait à ne point le séparer de Bathilde. Or, c'était ce que Bathilde et d'Harmental n'eussent jamais osé rêver. Cette vie de réclusion, supplice pour tout autre, était pour eux une existence de délices, un paradis d'amour : ils se verraient sans cesse, et ne se quitteraient jamais ! Qu'auraient-ils pu désirer de plus, même lorsque, maîtres de leur sort, ils rêvaient un même avenir ? Une seule idée triste traversa en même temps leur esprit, et tous deux, avec cette spontanéité du cœur qui ne se rencontre que dans les gens qui s'aiment, prononcèrent le nom de Buvat.

En ce moment la voiture s'arrêta. Dans une semblable circonstance tout était pour les pauvres amants un sujet de crainte. Tous deux tremblèrent d'avoir trop espéré et tressaillirent de terreur. Presque aussitôt la portière s'ouvrit : c'était le postillon.

— Que veux-tu? lui demanda d'Harmental.

— Dame! notre maître, dit le postillon, je voudrais savoir où il faudrait vous conduire, moi.

— Comment! où il faut me conduire! s'écria d'Harmental. N'as-tu pas d'ordre?

— J'ai l'ordre de vous mener dans le bois de Vincennes, entre le château et Nogent-sur-Marne, et nous y voilà.

— Et notre escorte? demanda le chevalier, qu'est-elle devenue?

— Votre escorte? elle nous a laissés à la barrière.

— Oh! mon Dieu, mon Dieu! s'écria d'Harmental, tandis que Bathilde, haletante d'espoir, joignait les mains en silence, oh! mon Dieu! est-ce possible!

Et le chevalier sauta en bas de la voiture, regarda avidement autour de lui, tendit les bras à Bathilde, qui s'élança à son tour ; puis tous deux jetèrent ensemble un cri de joie et de reconnaissance.

Ils étaient libres comme l'air qu'ils respiraient !

Seulement le régent avait donné l'ordre de conduire le chevalier juste à l'endroit où ce dernier avait enlevé Bourguignon croyant l'enlever lui-même.

C'était la seule vengeance que se fût réservée Philippe-le-Débonnaire.

—

Quatre ans après cet événement, Buvat, réintégré dans sa place et payé de son arriéré, avait la satisfaction de mettre la plume à la main d'un beau garçon de trois ans : C'était le fils de Raoul et de Bathilde.

Les deux premiers noms qu'écrivit l'enfant

furent ceux d'Albert du Rocher et de Clarice Gray.

Le troisième fut celui de *Philippe d'Orléans*, régent de France.

POST-SCRIPTUM.

Peut-être quelques personnes ont-elles pris assez d'intérêt aux personnages qui jouent un rôle secondaire dans l'histoire que nous venons de leur raconter, pour désirer savoir ce qu'ils devinrent après la catastrophe qui perdit les conjurés et sauva le régent. Nous allons les satisfaire en deux mots.

Le duc et la duchesse du Maine, dont on voulait briser à tout jamais les complots à venir, furent arrêtés, le duc à Sceaux, et la duchesse dans une petite maison qu'elle avait rue Saint-Honoré. Le duc fut conduit au château de Dourlens, et la duchesse à celui de Dijon, d'où elle fut transférée à la citadelle de Châlons. Tous deux en sortirent au bout de quelques mois, désarmant le régent, l'un par une dénégation absolue, l'autre par un aveu complet.

Mademoiselle de Launay fut conduite à la Bastille, où sa captivité, comme on peut le voir dans les Mémoires qu'elle a laissés, fut fort adoucie par ses amours avec le chevalier de Mesnil, et plus d'une fois après sa sortie il lui arriva, en pleurant l'infidélité de son cher prisonnier, de dire, comme Ninon ou Sophie Arnould, je ne sais plus laquelle : « Oh! le bon temps où nous étions si malheureuses ! »

Richelieu fut arrêté, comme l'en avait prévenu mademoiselle de Valois, le lendemain même du jour où il avait introduit Bathilde chez le régent, mais sa captivité fut un nouveau triomphe pour lui. Le bruit s'étant répandu que le beau prisonnier avait obtenu la permission de se promener sur la terrasse de la Bastille, la rue Saint-Antoine s'encombra des voitures les plus élégantes de Paris et devint en moins de vingt-quatre heures la promenade à la mode. Aussi le régent, qui avait, disait-il, entre les mains, assez de preuves contre M. de Richelieu pour lui faire couper quatre têtes, s'il les avait eues, ne voulut-il pas risquer de se dépopulariser à tout jamais dans l'esprit du beau sexe, en le retenant plus longtemps en prison. Après une captivité de trois mois, Richelieu sortit plus brillant et plus à la mode que jamais. Seulement il trouva l'armoire aux confitures murée, et la pauvre mademoiselle de Valois devenue duchesse de Modène.

L'abbé Brigaud, arrêté, comme nous l'avons dit, à Orléans, fut retenu quelque temps dans les prisons de cette ville, au grand désespoir de la bonne madame Denis, de mesdemoiselles Émilie et Athénaïs, et de M. Boniface. Mais un beau matin, au moment où la famille allait se mettre à table pour le déjeûner, on vit entrer l'abbé Brigaud, aussi calme et aussi régulier que d'habitude. On lui fit grande fête et on lui demanda une foule de détails; mais, avec sa prudence habituelle, il renvoya les curieux à ses déclarations juridiques, disant que cette affaire lui avait déjà donné tant de contrariétés qu'on l'obligerait fort en ne lui en parlant jamais. Or, comme l'abbé Brigaud avait, ainsi qu'on l'a vu, des droits tout-à-fait autocratiques dans la maison de madame Denis, son désir fut religieusement respecté, et à partir de ce jour il ne fut pas plus question de cette affaire rue du Temps-Perdu, n° 5, que si elle n'avait jamais existé.

Quelques jours après lui, Pompadour, Valef, Laval et Malezieux sortirent de prison à leur tour et recommencèrent à faire leur cour à madame du Maine comme si de rien n'était. Quant au cardinal de Polignac, il n'avait pas même été arrêté : il avait été exilé simplement à son abbaye d'Anchin.

Lagrange-Chancel, l'auteur des *Philippiques*, fut appelé au Palais-Royal. Il y trouva le régent qui l'attendait.

— Monsieur, lui demanda le prince, est-ce que vous pensez de moi tout ce que vous avez dit?

—Oui, Monseigneur, lui répondit Lagrange-Chancel.

— Eh bien! c'est fort heureux pour vous, Monsieur, reprit le régent, car si vous aviez écrit de pareilles infamies contre votre conscience, je vous aurais fait pendre.

Et le régent se contenta de l'envoyer aux îles Sainte-Marguerite, où il ne resta que trois ou quatre mois. Les ennemis du régent ayant répandu le bruit que le prince l'y avait fait empoisonner, le prince ne trouva pas de meilleur moyen de démentir cette nouvelle calomnie que celui d'ouvrir les portes de sa prison au prétendu mort, qui en sortit plus gonflé de haine et de fiel que jamais.

Cette dernière preuve de clémence parut à Dubois si hors de saison, qu'il courut chez le régent pour lui faire une scène; mais pour toute réponse à ses récriminations, le prince se contenta de lui chanter le refrain de la chanson que Saint-Simon avait faite sur lui :

<blockquote>
Je suis débonnaire, moi,
Je suis débonnaire.
</blockquote>

Ce qui mit Dubois dans une si grande colère,

que le régent, pour se réconcilier avec lui, fut obligé de le faire nommer cardinal.

Cette nomination inspira à la Fillon une telle fierté qu'elle déclara ne vouloir plus dorénavant recevoir chez elle que des gens qui auraient fait leurs preuves de 1399.

Au reste, sa maison avait dans cette catastrophe perdu une de ses pensionnaires les plus illustres. Trois jours après la mort du capitaine Roquefinette, la Normande était entrée aux **Filles-Repenties.**